कर्तव्य की दिशा।

मुझे साहित्य-क्षेत्र में चुनाव नहीं जीतना है जो फड़कता घोषणा-पत्र तैयार कर दूँ। अपनी सीमाओं से अपरिचित नहीं हूँ। जीवन-संघर्ष में बिना कूदे पोथियों के बल अधिक दिन तक कविता न लिखी जायेगी। काग़ज़ की नाव सागर में न चलेगी—बँधे तालाब में भले ही गाजे। जन-आन्दोलन से उठे हुए ताज़े कच्चे भाव तथा ताज़ी कच्ची भाषा ही नये साहित्य में मूर्तिमान होगी। उसी आग में पिघल पर पोथियों का ज्ञान नये रूप में ढलेगा। मुझे इतनी तुकबन्दी के बाद भी कवि—केवल कवि रूप में पैदा होने और जीवित रहने का मुग़ालता नहीं है। गद्य या पद्य जिस किसी भी माध्यम से मेरा अभिप्रेत फूट निकलना चाहेगा, फूटेगा। इस जन-संघर्ष में मानवता के हमराहियों को बल देने के लिए अपने को निःशेष करना ही सूझ रहा है। दूसरा कोई रास्ता नहीं। बात बड़ी चाहिए, माध्यम स्वयं उसका आकार और महिमा पा लेगा। साफ़ दिख गया है कि गद्य लिखने से कविता को नयी ताक़त मिलती है अन्यथा अपना सारा वक्तव्य एक कविता में भरने से दोनों की हानि होती है। हमारे कई साथी आज कल यही कर रहे हैं। यदि मुझे अपने वक्तव्य को कविता के चौखटे में काटना पड़ेगा तो वह चौखटा छोड़ दूँगा लेकिन वक्तव्य को पुरानी चीनी नारी का पाँव न बनाऊँगा। पाब्लो नेरूदा और जाफरी को पढ़ने के बाद भी अभी नहीं लिखा कि कहीं उनका उपहास न हो उठे। हमेशा की तरह आज भी कविता को गँदला करने की अपेक्षा कविता न रचने का साहस है। साथियों के उपहास की उतनी चिन्ता नहीं जितनी आत्म-उपहास की—अपने लक्ष्य के प्रति उपहास की। यदि मनुष्य के क्षीण शरीर में अनुराग-रंजित धरती का रस खींच कर दे सका; उसकी मानसिक नीरसता में विविध सामाजिक सम्बन्धों की सरसता दे सका; यदि उसके असन्तोष को स्वस्थ संयम तथा दृढ़ता दे सका तो अतीत से निचोड़कर, वर्तमान से दुहकर, भविष्य को चीरकर देने की कोशिश करूँगा। इस संघर्ष में भले ही यह कवि टूट जाय—जाय!

काशी विश्वविद्यालय
6 जनवरी, '52

नामवर सिंह

AF730380

सख़ुनतकिया

नामवर सिंह

संकलन-सम्पादन
विजय प्रकाश सिंह

वाणी प्रकाशन

वाणी प्रकाशन

4695, 21-ए, दरियागंज, नयी दिल्ली 110 002

फ़ोन : +91 11 23273167 फ़ैक्स : +91 11 23275710

शाखाएँ

अशोक राजपथ, पटना 800 004, बिहार

कॉफ़ी हाउस कैम्पस, महात्मा गांधी मार्ग, इलाहाबाद 211 001, उत्तर प्रदेश

महात्मा गांधी अन्तरराष्ट्रीय हिन्दी विश्वविद्यालय, वर्धा 442 001, महाराष्ट्र

सुल्तानिया रोड, मोतिया पार्क, भोपाल 462 001, मध्य प्रदेश

www.vaniprakashan.com
marketing@vaniprakashan.in
sales@vaniprakashan.in

Sakhuntakiya
by Namwar Singh
Compiled & Edited by Vijay Prakash Singh

ISBN : 978-93-90678-59-4
Essays

© विजय प्रकाश सिंह

पेपरबैक प्रथम संस्करण 2021

मूल्य : ₹ 299

इस पुस्तक के किसी भी अंश को किसी भी माध्यम में प्रयोग
करने के लिए प्रकाशक से लिखित अनुमति लेना अनिवार्य है।

आर. टेक ऑफ़सेट प्रिंटर्स, दिल्ली-110032 में मुद्रित

वाणी प्रकाशन का लोगो मक़बूल फ़िदा हुसेन की कूची से

भूमिका

सारी पुस्तक छप चुकी तो प्रकाशक महोदय ने पूछा—"भूमिका"

उनके स्वर से अधिक ध्वनि उनकी आँखों में थी। लेकिन मैंने कानों में रुई डालते हुए कहा—"स्वयं न लिखना हो तो किसी से...पहली पुस्तक है न!" फिर उन्होंने दो-एक नाम सुझाये और समझाते हुए कहा—"उनकी मुहर लगने से आपकी साख एकदम जम जायेगी।"

मैंने कहा—"वे महासागर हैं। उनके यहाँ जाकर पुस्तकें अचल समाधि ले लेती हैं। मेरे पास कोई ऐसा काँटा भी नहीं जो निकाल सकूँ!"

ज़िद देखकर वे बोले—"तब आप स्वयं लिखिए।" मैंने कहा—"उसके लिए तो बहुत पढ़ना पड़ेगा, क्योंकि कोई भी लेखक अपनी भूमिका हल्की नहीं लिखना चाहता।" मुझे 'गण देवता' और 'जीवन के गान' याद आये। कहा—"पुस्तक में चाहे कुछ न हो परन्तु भूमिका में वह सब रहता है जो स्वयं पुस्तक में नहीं रहता। अब ऐसी तैयारी के लिए आठ-दस महीने का मौक़ा चाहिए क्योंकि मुझे मालूम नहीं था कि पुस्तक इतनी जल्दी छप जायेगी और छपेगी तो उसके साथ भूमिका ज़रूरी होगी!"

प्रकाशक जी कुछ सोचकर बोले—इस बार उनका स्वर बहुत पतला था : बिल्कुल सारस की गर्दन-सा!

"तब एक काम कीजिए! देखिए, आपके ही भले के लिए कह रहा हूँ। 'भूमिका' की जगह 'प्रकाशकीय' ही जाने दीजिए! लेकिन उसे भी लिखना पड़ेगा आपको ही। जैसा जी चाहे अपनी प्रशंसा में सब कुछ लिख डालिए। इस पर आपको तनिक भी आपत्ति नहीं होनी चाहिए। अनेक प्रोफ़ेसर ऐसे हैं कि उनसे जब छात्र 'प्रमाण पत्र' माँगते हैं तो कहते हैं कि स्वयं लिखकर ले आइए, मैं हस्ताक्षर कर दूँगा। आप यही समझिए।"

मैंने पूछा—"क्या पहले फॉर्म के कुछ पृष्ठ बेकार जा रहे हैं?"

बोले—"दो।"

मैंने कहा—"तो लिख दीजिए कि भूमिका अभी तैयार नहीं है और जिन महानुभाव ने भूमिका लिखने का वादा किया था अथवा जिनसे निवेदन किया था वे स्वर्ग सिधार गये; इधर उनके रिक्त स्थान पर कोई उपयुक्त व्यक्ति नहीं दिखाई पड़ता, इसलिए तब तक के लिए भूमिका स्थगित।"

बोले—"ऐसा भी कभी हुआ है?"

"क्यों नहीं? जब निराला जी 'कुल्ली भाट' का समर्पण स्थगित कर सकते हैं तो आप इसकी भूमिका स्थगित नहीं कर सकते?" मेरा तर्क था। प्रकाशक जी बोले—"अगर ऐसी बात है तो क्यों नहीं आप उन्हीं दिवंगत महापुरुष के नाम से अपनी पुस्तक के लिए एक आशीर्वाद स्वयं लिख लेते? इसका खण्डन करने के लिए किसके पास प्रमाण मिलेगा?"

मैंने अब उनकी पोशाक की ओर देखा—गाँधी आश्रम की शुद्ध खादी जिस पर अपने निजी हाथों से 'बापू के आशीर्वाद' लिखा था! मैंने इतना ही कहा—"यह साहित्य है।"

वे ताकते रहे। मैंने कहा—"विश्वस्त सूत्र से पता चला है कि गुरुदेव ने एक 'ब्लेड कम्पनी' को आशीर्वाद दिया था, यद्यपि 'ब्लेड' का स्पर्श भी उनकी दाढ़ी ने कभी नहीं किया!"

जाते-जाते वह कह गये—"आप यही सब लिख दीजिए।"

उन्होंने जब यह कहा तो मुझे कुछ सोचने के लिए मजबूर होना पड़ा।

इस समय वह वहाँ नहीं हैं। कल इसके लिए उनका तकाजा होगा। इच्छा नहीं होती कि यह प्रसंग आगे बढ़ाऊँ।

याद आ रही हैं अभी इसी हफ़्ते में मिले अपने एक कहानीकार मित्र की बातें। बातों में मुझे वह उस बिन्दु की ओर ले गये जहाँ पहुँचकर सहज ही उनकी पुस्तक के विषय में पूछा जाता। पुस्तक का नाम लेना था कि वह मेढक की तरह अपने आप उनके झोले से निकलकर मेरी हथेली पर आ गयी! देखा तो सबसे ऊपर बड़े टाइप में छपा था 'आचार्य...।'

मैंने धीरे से पूछा—"अच्छा, अब यह कहानी भी लिखने लगे?"

“नहीं जी,” झेंपते हुए वे बोले—“वे तो केवल भूमिका लेखक हैं। ज़रा आँख खोलकर पढ़ो।”

मैंने कहना चाहा कि आँख खोलकर मत पढ़वाओ, नहीं तो पुस्तक बन्द हो जायेगी। परन्तु मेरा मुँह न खुला और वे न जाने क्या समझकर खुल गये गाड़ी की तरह। मैं देखता रह गया कि बड़े लोगों का नाम जुड़ने से पुस्तक कितनी तेज़ चल सकती है और लेखक भी! गोया भूमिका न हुई इंजन हुआ। फिर तो उनमें दौड़-धूप और चलता-पुर्जापन इतना आया कि उस भूमिका ने सोने के कई अंडे दिये। एक ओर पुरस्कार और दूसरी ओर नौकरी! मेरी आँखों में सिक्के कौंध गये और उसमें सारी पुस्तक झुलसती दिखी।

फिर सोचा—क्यों न प्रकाशक जी को यही सब समझाकर एक पत्र लिख दूँ और वे मान जायें। और पत्र शुरू कर दिया—

काशी, 1 जनवरी, 1951

भाई,

‘शेष प्रश्न’ की ‘कमल’ एक स्थान पर कहती है कि स्पष्ट कहने का लोभ जिन्हें बहुत ज़्याद होता है वे अगर लेखक हुए तो अपने ग्रन्थ की भूमिका लिखते हैं और अगर नाटककार हुए तो वे ख़ुद ही अपने नाटक के नायक बनकर अभिनय करते हैं। लेकिन मुझे स्पष्ट कहने का लोभ नहीं। जो कुछ कहना था, पुस्तक में कह चुका। अब कोई सफ़ाई देने की ज़रूरत नहीं। यों, सफ़ाई बड़ी अच्छी चीज़ है, लेकिन जब ‘दी’ जाती है तो कूड़ा हो जाती है। अगर इसमें कुछ स्पष्ट नहीं हुआ है तो किसी अगली में होगा।

जानता हूँ कि तुलसी जैसे महान कवि ने भी मानस में मामूली नहीं महान भूमिका बाँधी है। लेकिन वह अपने बूते की बात नहीं। न तो कहे बिना मेरा पेट फूल रहा है जो ‘दो शब्द’ के नाम पर ‘बीस पृष्ठ’ भरूँ और न ‘दो बात’ के बहाने दो सौ दुलत्तियाँ झाड़नी हैं! न तो मुझे ‘अपनी बात’ के बुर्के से दूसरों को आड़े हाथों लेना है और न ‘कृतज्ञता’ के सिर चढ़कर ‘विज्ञता’ प्रदर्शित करनी है। न तो मुझे ‘आमुख’ लिखकर किसी को विमुख करना है और न ‘प्रस्तावना’ के मुख से ‘संस्तवना’। शीर्षक देना ‘भूमिका’ और कहना ‘आकाश का’ मुझे नहीं सोहता। यह भी क्या धोखा कि लिखना अन्त में और कहना ‘प्राक्कथन’!

भूमिका के पर्याय इन विविध नामों और रूपों में यह विरोध देखकर मैं सकुच रहा हूँ। मेरी पुस्तक उस लोक-कथा का 'बित्तन' नहीं है, जो स्वयं तो हो केवल बित्ता-भर की लेकिन उसमें लटक रही हो भूमिका की ढाई हाथ वाली दाढ़ी! कैसे चलेगी बेचारी! सुनते हैं—

'बित्ता भर क बितनू अढ़ाई हाथ क दाढ़ी
चलै लगलैं बितनू त हिलै लगल दाढ़ी'

समस्या-नाटकों में बीस पृष्ठ का नाटक चालीस पृष्ठ की भूमिका पीठ पर लादकर भले ढो ले जाये, परन्तु मेरी पुस्तक यह भार न सह सकेगी!

मैं नहीं चाहता कि पुस्तक की खाली कनात के बाहर खड़ी होकर भूमिका विचित्र अंगी-भंगी के साथ भीतरी तमाशे की महिमा गा-गाकर टिकट बेचे!

भूमिका की ही छोटी बहिन है सम्मति। बड़ी बहिन के न रहने पर कहीं आप छोटी की ही ओर न लपकें, इसलिए उसके लिए भी आगाह कर दूँ। अनेक समालोचकों को देखा है जो भूमिका अथवा सम्मति लिखने के लिए स्वयं ही बहुत आकुल रहते हैं, परन्तु दूसरों के सामने रोब गालिब करने के लिए कहते हैं कि फलाँ-फलाँ लोगों ने जब सौ बार नाक रगड़ी तो दो पंक्तियाँ लिख दीं। लेकिन यह तो 'सम्मति' छापनेवाले ही जानते हैं कि कभी-कभी 'सम्मति' माँगने पर भी वे महानुभाव चार पृष्ठ का लेख भेज देते हैं ताकि अगली बार से लेखक उन्हीं के पास भूमिका के लिए आये। कुछ लोगों का जैसे सभाओं का सभापतित्व करना ही काम रह गया है उसी तरह कुछ का यह हो गया है कि वे दूसरों की पुस्तकों में भूमिका लिखें!

लेखक भी कम चालाक नहीं। मँगाते हैं सम्मति और दे देते हैं भूमिका नाम से। कुछ मँगाते हैं भूमिका और उसे अनुकूल न पाकर प्रशंसा वाला अंश सम्मति के रूप में दे देते हैं अथवा पूरी भूमिका ही दबा जाते हैं और बाद में लिख देते हैं कि स्थानाभाव के कारण न दी जा सकी।

'शेष स्मृतियाँ' के लेखक जैसा भी नहीं होना चाहिए, जो आचार्य शुक्ल जैसे विद्वान लेखक की भूमिका से लाभ उठाकर 'रॉयल्टी' तो पाऊँ परन्तु

पाठक खो दूँ। अपनी पुस्तक के भीतर इस तरह दूसरे की पुस्तक बेचना बहुत-कुछ आम के ऊपर पीपल जमाना है।

मुझे पुस्तक में भूमिका नहीं भाती, भूमिका में पुस्तक भाती है—जैसे, 'हिन्दी साहित्य की भूमिका।' आचार्य शुक्ल की तो सारी पुस्तकें ही भूमिका हैं। परन्तु मैं नहीं समझता कि जिस भाषा में लिख रहा हूँ, मृत हो गयी है। इसलिए उस पर सटिप्पण वैज्ञानिक भूमिका लिखने का समय अभी नहीं आया है।

कौन जाने सब-कुछ लिख जाने पर भी आदमी को सन्तोष न होता हो! इसलिए शायद वह 'निवेदन' या 'कृतज्ञता' के लिए कुछ कहना चाहता है। पुस्तक वस्तुनिष्ठ होती है, भूमिका व्यक्तिनिष्ठ। लेकिन जब स्वयं पुस्तक भी व्यक्तिनिष्ठ हो तब भूमिका कैसी? सच तो यह है कि भूमिका सहित कहना सब चाहते हैं, सुनना कोई नहीं। इसलिए कवि अपनी पुस्तक की भूमिका लिखकर आलोचक होने का दावा करता है। यहाँ तो मैं जिस भूमि का प्राणी हूँ वहाँ भूमिका नहीं लिखी जाती, भूमिका पर लिखा जाता है!

आशा है, आप इसे भूमिका समझने का भ्रम न करेंगे।

आपका,
बक़लम ख़ुद

पुनश्च—प्रकाशक जी इसको ज्यों का त्यों प्रकाशित कर देना चाहते हैं, केवल इस सूचना के साथ कि प्रकाशक के सम्पूर्ण कथन को मज़ाक़ में लिया जाये। उनका कहना है कि इसी बहाने उन्होंने मुझसे मनचाहा लिखा तो लिया।

परन्तु खेद कि न तो आज वसन्त पंचमी है और न गुरु पूर्णिमा, महाशिवरात्रि और न रामनवमी! भूमिका-सुलभ कोई पुण्य या शुभ तिथि भी आज नहीं। अधिक छानबीन करने पर शायद कोई कोई चौथ, नवमी, एकादशी, अमावस्या अथवा पूर्णिमा विशेष तो मिल ही जायेगी लेकिन यह बात...न आयेगी। भूमिका लिखने के लिए क़लम उठाते-उठाते कोई न कोई पर्व हाथ जोड़कर खड़ा हो जाये, ऐसी मेरी विभूति कहाँ!

तारों से कोई नाता-रिश्ता भी तो नहीं! न सही, लेकिन क्या शब्द की यह सृष्टि ही किसी दिन को पर्व या त्योहार बनाने के लिए काफ़ी नहीं? जो मानव के पूर्ण कला-विकास के लिए लड़ रहा हो, उसे चन्द्रमा की कलाओं का खाता देखने की फुरसत कहाँ?

–नामवर सिंह

अपनी बात

पिताजी के जाने के बाद एक दिन जब मैं उनके कमरे में किताबों को व्यवस्थित इस दुनिया से कर रहा था तो मुझे वहाँ पीले रंग का एक लिफ़ाफ़ा मिला। उस लिफ़ाफ़े पर पिता जी ने अपनी लिखावट में 'बकलमखुद के ज़माने के कुछ अप्रकाशित निबन्ध' लिख रखा था। उस लिफ़ाफ़े में उनकी अपनी लिखावट में लिखे निबन्ध अपने मूल रूप में मुझे मिले। हर निबन्ध को एक पतले धागे से बाँध कर पिताजी ने बड़े करीने से लिफ़ाफ़े में रखा था। इन निबन्धों को देखकर एक बार ऐसा महसूस हुआ जैसे किसी खुदाई में मुझे कोई अमूल्य रत्न मिल गया है। समय-समय पर उनके कमरे से कुछ अप्रकाशित लेख/व्याख्यान, पत्रों का बंडल, उनकी बहुत-सी नोटबुक, तरह-तरह की तस्वीरें, अख़बारों में छपे व्याख्यान और वक्तव्य, साक्षात्कार, आदि। एक-एक कर मुझे मिलते रहे। उस दिन मुझे मिर्ज़ा ग़ालिब अपनी इन पंक्तियों के साथ बहुत याद आये—

चंद तस्वीर-ए-बुताँ चंद हसीनों के खुतूत
बाद मरने के मिरे घर से यह सामाँ निकला

वे जहाँ कहीं भी रहे, उनके कमरे को मैं सरस्वती की साधना का मन्दिर मानता रहा और अब भी मानता हूँ। उनके जीवन-काल में वह कमरा जितना आबाद था और उसमें जितनी रौनक थी, वह तो अब नहीं रही लेकिन सशरीर न रहने के बावजूद भी वे जो साहित्य-सामग्री छोड़ गये हैं, उससे लगता है कि सरस्वती का अब भी वहाँ वास है।

वे शुरू से ही अपने लिखे हुए को प्रकाशित करवाने में बहुत संकोची थे। अपने आपको वे अक्सर विनोदपूर्वक फ़रमाइशी लेखक कहते थे।

हो सकता है कि इसी संकोच में उन्होंने इन निबन्धों को प्रकाशित न करवाया हो, जैसा कि उन्होंने अपनी लिखी हुई बहुत-सी कविताओं के साथ भी किया था। लोग अक्सर उनसे पूछते थे कि आपने कविता लिखना क्यों छोड़ दिया तो वे अपनी परिचित चुटीली मुद्रा में कहते कि 'सरस्वती के मन्दिर में पूजा की थाली में कविताएँ लेकर ही गया था लेकिन भक्तों के पैरों की धूल से मन्दिर बहुत गन्दा होने लगा था। सो, मैंने कविताओं वाली पूजा की थाली को मन्दिर में ही रख दिया और आलोचक होकर मन्दिर की सफ़ाई जीवन भर करता रहा।'

लगता है वे कहना भूल गये थे कि उस पूजा की थाली में कविताओं के साथ उनके व्यंग्य लेख भी थे। हमलोग भाग्यशाली हैं कि उनके ये व्यंग्यात्मक लेख अब हमें मिल गये हैं। प्रसंगवश, उनकी कविताओं की पाण्डुलिपि लेकर बनारस के एक प्रकाशक ने कविता-संग्रह छापने का काम शुरू भी किया था। अगर वह उपलब्ध हो गयी होती, तो उनकी कविताओं की भी आज एक मुकम्मल पुस्तक होती। पर जो मिला नहीं, उसका पछतावा क्या। अलबत्ता विद्यार्थी जीवन की उनकी कुछ कविताएँ, जो कई अख़बारों और पत्रिकाओं में छपी थीं, उनकी 'प्रारम्भिक रचनाएँ' नाम की पुस्तक में प्रकाशित हैं।

'बक़लम ख़ुद' पुस्तक में प्रकाशित व्यंग्यात्मक लेखों के बारे में हिन्दी के प्रसिद्ध लेखक श्रीलाल शुक्ल से जब व्यंग्यकार और आलोचक सुशील सिद्धार्थ ने एक साक्षात्कार में पूछा कि "क्या आपको नहीं लगता छठे दशक में जहाँ साहित्य ने अपने तौर-तरीके बदले, नये सिरे से अपने सरोकार तय किये, वहाँ व्यंग्य भी पुनर्नवा हुआ?" तो इस प्रश्न के उत्तर में श्रीलाल शुक्ल ने कहा कि "छठे दशक के आरम्भ से ही केशव चन्द्र वर्मा की हास्य-व्यंग्यपूर्ण कहानियाँ आने लगी थीं।...डॉ. नामवर सिंह की 'बक़लम ख़ुद' उस समय की बड़ी सशक्त रचना है।"

हरिशंकर परसाई ने एक स्थान पर व्यंग्य के बारे में कहा है कि 'सच्चा व्यंग्य जीवन की समीक्षा होता है। वह मनुष्यों को सोचने के लिए बाध्य करता है। अपने से साक्षात्कार कराता है, चेतना में हलचल पैदा करता है और जीवन में व्याप्त मिथ्याचार, पाखण्ड, असामंजस्य और अन्याय से लड़ने

के लिए उसे तैयार करता है।" मुझे ऐसा महसूस होता है कि पिताजी के इन व्यंग्यात्मक लेखों में परसाई जी के बताये हुए ये सारे लक्षण और आयाम भास्वर तो होंगे ही, साथ ही पिताजी के रचना-संसार को भी ये निबन्ध नये तरीके से समृद्ध करेंगे।

इस पुस्तक के पहले खण्ड में जहाँ तेरह व्यंग्यात्मक निबन्ध हैं, वहीं दूसरे खण्ड में पाँच आलोचनात्मक निबन्ध भी शामिल हैं। आज अगर पिताजी होते तो हठ करने पर इस पुस्तक की भूमिका के तौर पर कुछ-न-कुछ ज़रूर लिख देते। उस स्थान को पूरा करने के लिए मैंने उनकी पुस्तक 'बक़लम ख़ुद' में संकलित 'भूमिका' शीर्षक व्यंग्यात्मक निबन्ध को यहाँ पाठकों के समक्ष रखा है। उम्मीद है, इन निबन्धों के माध्यम से पिताजी के 1949 से 1952 तक के रचना-संसार का एक और नया पक्ष सामने आयेगा, जो लोक और शास्त्र दोनों को समृद्ध करेगा। वे अक्सर कहते भी थे कि 'मैं खाद बन कर रचना और रचनाकार को बढ़ाने में यक़ीन रखता हूँ।'

अन्त में श्री अरुण माहेश्वरी का आभारी हूँ, जिन्होंने इन निबन्धों को पुस्तकाकार प्रकाशित करके सुधी पाठकों तक पहुँचाने का प्रयास किया है। समय-समय पर सलाह और सहयोग के लिए सुबोध कुमार, रचना सिंह और निर्मला सिंह के प्रति भी बहुत आभार व्यक्त करता हूँ।

–विजय प्रकाश सिंह

अनुक्रम

खण्ड : एक
व्यंग्यात्मक निबन्ध

खण्ड : दो

आलोचनात्मक निबन्ध

खण्ड : एक

व्यंग्यात्मक निबन्ध

लोग हैं लागि कवित्त बनावत, मोहि तौ मेरे कवित्त बनावत

–घनानन्द

(1)

झुका तो बचपन से ही कविता की ओर, परन्तु मेरी पहली कविता अनजान रूप से आँखों से नहीं बही; बल्कि जानबूझकर पेंसिल से बहायी गयी। उस समय मन में न तो वियोग की व्यथा थी और न किसी 'अण्डज-वध' का शोक। कई कविताओं के पढ़ने पर कविता लिखने की इच्छा हुई और उसी स्वान्तः सुख के लिए वह झट लिख दी गयी। कविताएँ पढ़ी थीं केवल रीतिकालीन शृंगारिक; छायावादी कविताओं के दर्शन तक न हुए थे। इसीलिए खड़ी बोली के युग, भोजपुरी के प्रदेश और किशोर अवस्था में रहते हुए भी मैंने ब्रजभाषा में ऐसी शृंगारिक कविताएँ लिखीं, जिन्हें देखकर हमारे उदार प्रधानाध्यापक को मुझे कविता लिखने से रोकना पड़ा। द्वितीय महायुद्ध शुरू था। अंग्रेज़ों को शत्रु मानने के कारण हिटलर की विजय हमें प्रसन्नता देती थी। फलतः शृंगारिक कविताओं की प्रतिक्रिया स्वरूप वीर रस की ऐसी सूखी कविताएँ प्रवाहित हुईं कि मेरे एक कवि मित्र को मुझे उपदेश देना पड़ा कि–

इश्क़ को दिल में जगह दे अकबर।
इल्म से शायरी नहीं आती॥

पर मैं निरुपाय रहा और काव्य-प्रेरणा के लिए पुस्तकों से ही प्रेम बढ़ा सका। एक दिन मेरी खड़ी बोली की एक कविता देखकर उन्होंने मेरे हिस्से

में खड़ी बोली और अपने लिए ब्रजभाषा रखने का निर्णय दिया। गाँव से जब काशी आया तो छायावादी कविताओं का साथ हुआ और शीघ्र ही त्रुटिपूर्ण गद्य लिखते हुए भी खड़ी बोली में शुद्ध पद्य लिखने लगा।

ऐसा लगता है कि मैं काशी न आया होता तो ऐसी कविताएँ न लिख पाता। उदय प्रताप कालेज के जेल जैसे बन्धनों से घबराकर मेरा बालमन प्रायः पलायन करता रहा। सन्ध्या समय खेल के घण्टे में नित्य चारदीवारी पारकर मैं देहात की ओर चला जाता और जनारण्य से दूर एक तालाब पर बैठकर ग्राम श्री को आँखों से पीता। अवकाश के उन्हीं एकान्त क्षणों में मैंने अधिकांश कविताएँ लिखीं। जिस कविता से मैं अपने वास्तविक रचनाकाल का प्रारम्भ मानता हूँ, वह वहीं सन् 43 के अगस्त में लिखी गयी। वह मेरे काव्यजीवन का परिवर्तन बिन्दु है। एक ओर उसके सवैया वृत्त में प्राचीनता है और दूसरी ओर उसकी भावना और कल्पना में आधुनिकता।

तान के सोता रहा जल चादर वायु-सा खींच जगा गया कोई!
प्रेम के गीत जो गा रहा हूँ कभी प्राण के तार पै गा गया कोई।।
छाती फटी कल ही लिए था निज आँसुओं से चिकना गया कोई।
आँसुओं में कुछ बाँध के दे मुझे भी उर वाला बना गया कोई।।

इससे पूर्व मैं प्रायः कविता के लिए कविता लिखता था। परन्तु यहीं से सच्ची अनुभूतियों को वाणी भी देने लगा।

(2)

कवि के साथ ही मेरी आलोचक बुद्धि भी विकसित होती रही। मेरे सामने उस समय काव्य की दो धाराएँ थीं—एक तो छायावाद के परिशिष्ट की प्रेमबहुल गीतिधारा और दूसरी प्रगतिवाद की विषम तथा बौद्धिक बाढ़। पहली धारा मोहक थी परन्तु उसमें कुछ नया लिखना कठिन लगा। दूसरी धारा नयी थी परन्तु उसमें कविता से अधिक सरल था गद्य-लेखन। छायावादी कवि मधु-देश छोड़कर धरती पर आ रहे थे, भीतर से बाहर देख रहे थे, व्यक्ति से समष्टि पर जम रहे थे। परन्तु मार्क्सवाद से प्रेरित होने के कारण शीघ्र ही प्रगतिवाद को राजनीतिक दल विशेष ने छाप लिया। रूढ़ि-भंग के आवेश

में इस क्रान्तिकारी धारा ने प्राचीन युग की अच्छी-बुरी सभी बातों को उखाड़ फेंकना शुरू किया। इधर छायावादी कवियों की प्रगतिशीलता गाँवों के साथ केवल बौद्धिक सहानुभूति ही स्थापित कर सकी थी। वे साहित्य में कम्युनिस्ट प्रचार का यह रवैया देखकर मुड़े और भौतिकवादी दर्शन की अपूर्णता को अरबिन्द और गाँधी जी के अध्यात्म से भरने चले। यहाँ अपनी कोई राह न थी, ग़ालिब के शब्दों में, 'हर एक रौ के साथ कुछ दूर चल पड़ता था। सर्वत्र 'नये साहित्य' की धूम थी'। जनहित के नाम पर वर्ग संघर्ष को उत्तेजना, कला के नाम पर कोरा प्रचार, छन्द भंग के नाम पर गद्यात्मक व्याख्यान, जनभाषा के नाम पर सीधी अभिधा, व्यंग के नाम पर गाली और बौद्धिकता के नाम पर मार्क्सवादी सिद्धान्तों की पद्यबद्ध उद्धरणी आदि बातें ऐसी चलीं कि अपने अग्रजों को उस पथ पर चलते देखकर भी मैं जीती मक्खी न निगल सका। अगस्त क्रान्ति और किसान मज़दूर सम्बन्धी कुछ सामयिक उद्‌बोधन गीत लिखकर भी मैं असन्तुष्ट रहा। इस प्रकार शोषित वर्ग में उत्पन्न होने और पर्याप्त वर्ग चेतना रहने पर भी मैं वैसे गीत न लिख सका।

संक्रान्ति युग के नये साहित्यिकों से तृप्त होकर 'ह्रान्सोन्मुख युग' के कवियों की ओर झुका और श्रद्धा से पढ़ा। मुझे घनानन्द, प्रसाद और निराला विशेष रूप से भाये। घनानन्द की लाक्षणिकता, प्रसाद जी के शब्दों के प्रसंग गर्भत्व और निराला के अर्थ गौरव, ज़िन्दादिली तथा प्रयोग प्रवृत्ति ने बहुत आकृष्ट किया। इन गुणों को पूर्ण रूप से अपनाने का सामर्थ्य कहाँ, पर उसी दिशा में चलने का प्रयास किया। देहाती होने के कारण अपनी लोक भाषा पश्चिमी भोजपुरी से भी शब्दों को अपनाने का साहस किया। बचपन से ही गाँव की प्रकृति में मन डूब चुका था और कुछ दिन शहर में रहने से यह प्यास और भी तीव्र हो गयी थी। अतः विषय के लिए मुझे दूर नहीं जाना पड़ा। मैदानवासी होने के कारण पहाड़ और समुद्र की ओर मन के साथ शरीर भी दौड़ता रहा। इस प्रकार प्रकृति के अनेक चित्र आँखों के सामने थे। प्रकृति जीवन की तरह 'बाँस का वन' नहीं, सरल है अतः यह युवा मन उसी में रम गया। प्रेम के अनर्गल प्रलापों से ऊबने पर यहाँ आकर साँस ली और काव्य साधना का आसन जमाया।

यदि कोई इस प्रवृत्ति को पलायनवादी कहे तो मैं उसका मुँह बन्द नहीं करूँगा। कहूँगा केवल इतना ही कि पलायनवादी का मन इतना भागा-भागा सा या पत्ता पर रहता है कि सुन्दर स्थानों में भी नहीं रमता। इधर अपने विषय में सच्चाई यह है कि यह मन प्रकृति से कभी उचटा ही नहीं। मुझे साहित्य क्षेत्र में चुनाव नहीं जीतना है जो इस घोषणा-पत्र में लिख दूँ कि अब क्रान्ति प्रेरक साहित्य रचूँगा। पर इतना कहूँगा कि बुद्धि हृदय से हमेशा आगे चलती है और पुस्तकों के सम्पर्क से मेरे भी विचार इन कविताओं के हृदय से आगे हैं। उच्च लक्ष्य के लिए उच्च साधन अपेक्षित हैं। ये कविताएँ उसी की सोपान हैं। साधना के प्रत्येक सोपान का महत्त्व है।

(3)

दूसरों की सूझ-बूझ पर भरोसा रहते हुए भी अपने विषय में कहने की बेहयाई साथ नहीं छोड़ती। मुझे भी इन कविताओं के विषय में कुछ कहना है। ताकि बड़ी आँखों वाले इन कणों की ओर भी ध्यान दें और सहानुभूति वाले इससे मिलान करें। दृश्य चित्रण के हल्के रंगों में भाव व्यंजना की सेवाओं का उभरना मेरा अभिनय रहा है। उसके लिए ख़राब चित्रों का चयन वर्ण-विश्लेष और छन्द-स्वर के प्रयोग को दृष्टि में बराबर रखा गया है। बादलों से कुछ 'जननान्तर सौहृदानि' का सम्बन्ध मालूम होता है। इसीलिए मेरी प्रत्येक कविता में कुछ मेघ चित्र अवश्य आये हैं। कविताएँ खुले मैदान में लिखी गयी हैं। अतः कुछ-न-कुछ 'स्थानीय विशेषताएँ' मिलेंगी। अर्थबोध की ओर मेरी दृष्टि सदैव रही है। इसलिए इन गीतों में उक्ति वैचित्र्य के लिए कहीं की ईंट और कहीं का रोड़ा न जुटाकर प्रायः एक भाव या चित्र का शृंखलाबद्ध निर्वाह करने का प्रयास किया गया है। अधिकांश कविताओं का रचनाकाल अपराह्न या साँझ है इसीलिए उन पर विषाद की हल्की छाया है। इनके मूल में कोई निराशा नहीं। जीवन की सादगी यदि कविताओं में भी झलके तो मैं उन्हें अलंकृत समझूँगा। मेरी समझ में सत्य के लिए वकील की आवश्यकता नहीं पर आजकल उनके बिना काम नहीं चलता। कविता के क्षेत्र में अभी वे दिन नहीं आये हैं इसीलिए मैं इनका परिचय कराकर हट जाता हूँ।

आप ठीक कहते हैं!

मेरे मित्र श्री शर्मा बड़े उत्साही व्यक्ति हैं। कल अचानक उन्होंने कृपा की। पहली नज़र में लगा कि काफ़ी बदल गये हैं और इस परिवर्तन में सबसे पहले यही दिखायी पड़ा कि जहाँ मूँछें थीं अब वहाँ केवल काला निशान बाक़ी रह गया है! कोशिश उसे भी छील फेंकने की जारी थी! जो हो, मैंने बात चलाने के लिए पूछा—"कहिए, बहुत दिनों बाद दिखायी पड़े? एम.ए. के बाद अब क्या कर रहे हैं?"

बिल्कुल ठीक टाई को और भी ठीक करते हुए वे बोले—"यही आई.ए.एस में बैठा था! अब पी.सी.एस. की तैयारी कर रहा हूँ! अगर इसमें भी न आया तो मेरे सामने केवल दो ही रास्ते रह जाते हैं!"

मैंने उत्सुकतावश पूछा—"कौन दो?"

"एक तो राजनीति और दूसरा व्यवसाय!" उन्होंने गिरे गले कहा!

मैंने जिज्ञासा प्रकट की—"आख़िर, राजनीति से आपका क्या अभिप्राय है?"

"यह तो बड़ी सामान्य बात है! अगला चुनाव आ रहा है और उसमें असेम्बली के लिए खड़े होने को छोड़कर इस समय और राजनीति क्या हो सकती है?" उनका उत्तर था!

"तो, किसी पार्टी की ओर से खड़े होंगे या स्वतन्त्र?"

"पार्टी की ही ओर से।"

"वह कौन-सी पार्टी है? नाम भी तो सुनूँ!"

"अभी तक निश्चय नहीं किया है। यों फ़िलहाल तीन पार्टियाँ मुझे अपनी ओर बुला रही हैं! जन कांग्रेस का कहना है कि अगर मैं उनकी ओर

से खड़ा होता हूँ तो वे सारा ख़र्चा देने को तैयार हैं! समाजवादी पार्टी ख़र्च तो नहीं देगी परन्तु जिता देने का पूरा आश्वासन दे रही है। इनके सिवा कम्युनिस्ट पार्टी के कामरेड राय तो मेरे भाई ही लगेंगे गाँव के नाते! अगर और कोई पार्टी न मिलेगी तो उनकी पार्टी तो है ही!"

मैं—"और कांग्रेस को क्यों छोड़ दिया? वही जो इस बार जीतेगी।"

शर्मा—"उसमें 'चाचा भतीजावाद' ज़्यादे चलता है मैं किसी का भतीजा नहीं।"

जब मैंने उनका इतना बड़ा हौसला देखा तो कुछ स्वयं भी उभरा—"अव्वल तो कम्युनिस्ट पार्टी को ही लीजिए! कहा नहीं जा सकता कि अचानक वे आपको पार्टी टिकट देंगे ही अथवा चुनाव भी लड़ेंगे! परन्तु यदि चुनाव में वह आती भी है तो क्या आप इस जन्म में उसके जीतने की आशा करते हैं? मैं तो नहीं समझता!"

शर्मा जी बोले, "आप ठीक कहते हैं! इसीलिए तो मैंने उसे पसन्द का तीसरा स्थान दिया था!"

अब मैंने 'जन कांग्रेस' को लिया और कहा—"एक तो इसके साथ जो कांग्रेस नाम जुड़ा हुआ है, वही घपला पैदा करेगा! इसलिए यह आपके लिए चाहे जितना रुपया दे दे परन्तु जमानत की रकम भी लौटाने का आश्वासन नहीं दे सकती!"

"आप ठीक कहते हैं! इसीलिए मैंने केवल आर्थिक दृष्टि से उसे पहला स्थान दिया था!" शर्मा जी ने पूरे विश्वास के साथ कहा!

"अब बची समाजवादी पार्टी! एक तो स्वयं इसी में खड़े होने वाले कम नहीं हैं, दूसरे इसका कोई एक स्थिर सिद्धान्त नहीं दिखायी पड़ता! सुनते हैं कि यह कई जगहों में जीत तो जायेगी परन्तु भविष्य में न तो इससे आपका हित हो सकता है और न आपसे इसका!" मैंने यों ही उनकी थाह लेने के लिए कहा!

"आप ठीक कहते हैं! अगर इस पर इतना विश्वास जमता होता तो कभी का सदस्य हो गया होता!"

शर्मा जी का फ़ुर्तीला 'रेडीमेड' उत्तर निकल पड़ा!

अब मैंने सुझाव दिया कि जब राजनीति में हिसाब नहीं पड़ता तो व्यवसाय को ही अपनाइए! इसमें अनिश्चय कम है!

"आप ठीक कहते हैं! यही सोचकर तो मैंने एम.ए. के बाद से ही हाथदाँत का काम शुरू कर दिया था। परन्तु उसका रोज़गार इधर मन्दा पड़ गया। अस्तु कोई दूसरा रास्ता ढूँढ़ना चाहता हूँ!" शर्मा जी ने सोचने के से स्वर में कहा।

मैंने कहा—"यह तो बड़ा अच्छा था! राजनीति की राजनीति है और व्यापार का व्यापार! कवियों के लिए तो 'गजदन्त मीनार' बनवा दीजिए! काफ़ी बिकेगी! परन्तु राजनीतिज्ञों के लिए ज्यों-का-त्यों समूचा दाँत ही रहने दीजिए ताकि उसे बाहर लगा लेंगे!"

"आप ठीक कहते हैं!" कहते-कहते वे कुछ मुस्करा पड़े! मैंने देखा कि उतनी घुली मुस्कान तो केवल हाथीदाँत की ही हो सकती है जो भीतर व्यापार का चारा चबाये और बाहर राजनीति में प्रकाश फेंके! इसके बाद मैं चाहे जो कहता वे यही कहते कि आप ठीक कहते हैं! इसलिए अब कुण्डलियाँ बनाने के लिए मैंने भी कहा—"आप ठीक कहते हैं!"

शर्मा जी ने ऐसा मुँह बनाया जैसे यह वाक्य उन्हीं के मुँह से निकला हो!

टूट गया वह दर्पण निर्मम!

आज अचानक हाथ से छूटकर मेरा दर्पण टूट गया; खेद हुआ। लेकिन थोड़ी ही देर बाद चिन्ता भी हुई और वह इसलिए कि इसको बीन-बीन कर सफ़ाई से फेंकना भी है! मेज़ पर एक कार्ड पड़ा था! ज्योंही उसे शीशे के टुकड़ों को बटोरने के लिए उठाया कि निगाह में पड़ गया कवि कुसुम का नाम! अपना दुख भूल गया जब उस कार्ड से यह ध्यान आया कि बेचारे कवि कुसुम का भी शीशा फूट गया है! मेरा शीशा तो शीशा ही था लेकिन उसका शीशा तो तकदीर था! कितनी मुश्किलों के बाद तो उसे महाराज ने दिया था! आपको क्या? शायद इससे दिलचस्पी न हो! लेकिन जो लोग उस करामाती शीशे की बात जानते हैं, उसके टूटने का समाचार पाकर तो उनका दिल ही टूट जायेगा! हमें भी उसका पता न चलता अगर कवि कुसुम पिछली गर्मी की छुट्टी में काशी न आये होते! हम लोगों ने मिलकर कवि के सम्मान में एक गोष्ठी का आयोजन किया था! कविता सुनाने का आग्रह किया गया और आदत से मजबूर कवि ने भूमिका शुरू की! हमें भी कोई उज्र न था क्योंकि प्रायः उनकी कविता से अच्छी अथवा ज़्यादे दिलचस्प भूमिका ही हुआ करती थी! मुझे खेद है कि उनकी कविताएँ तो प्रकाश में आ गयीं लेकिन भूमिकाएँ मौखिक ही रहीं, इससे साहित्य का बड़ा घाटा हुआ! इसी घाटे की आंशिक पूर्ति के लिए मैं उस भूमिका का वर्णन कर रहा हूँ—"हमारे महाराज श्री नाहर चन्द जौहरी जी अभी अभी जब इंग्लैण्ड गये थे तो एक बहुत ही बहुमूल्य चीज़ ले आये! एक दिन वे लार्ड माउंटबेटेन के साथ घूमने निकले कि राह में चमकदार शीशे के कुछ टुकड़े दिखायी पड़ गये! महाराज की दृष्टि तो पैनी है ही! उन्होंने एक टुकड़ा उठा लिया!

उठाते ही क्या देखते हैं कि उसमें सारी दुनिया कुछ अजीब-सी दिखायी पड़ रही है यानी यथार्थ से बहुत सुन्दर! उन्होंने लार्ड को भी दिखाया और उत्साहवश सभी टुकड़ों को बटोर लिया! लार्ड साहब ने भी देखकर बताया कि यह शीशा सम्भवतः 'शैलॉट की महिला' का है और जब से वह टूटा तब से किसी को पता न चला कि वह कहाँ गिरा है!

"ख़ैर, यह हमारे महाराज का सौभाग्य ही था जो उसके टुकड़े मिल गये! लार्ड साहब बहुत कहते रहे कि उनमें से एकाध टुकड़े उनको भी मिल जायें लेकिन महाराज ने नहीं दिया, नहीं दिया! बहरहाल, महाराज उसे लेकर जल्द ही देश उड़ आये क्योंकि उस शीशे के छिन जाने का भय था! यहाँ आने पर उन्होंने कई शिल्पियों को बुलाकर उसे दिखाया और जोड़ने की तरकीब पूछी! परन्तु कोई माई का लाल ऐसा न निकला जो उसे जोड़ पाता! कानोंकान ख़बर पहुँची देश के प्रसिद्ध धनकुबेर श्री मौनी मियाँ के यहाँ!

"मौनी मियाँ जी को तो आप जानते ही हैं! नाम सुनकर इन्हें मुसलमान न समझिए!

"तो ये हिन्दू हैं लेकिन इतने धर्मनिरपेक्ष हैं कि पाकिस्तान और हिन्दुस्तान को बराबर समझते हैं! दोनों को व्यापारिक सहायता देते हैं! धर्म-सापेक्ष भारत को यह साम्य-भाव बुरा लगता है, इसलिए ये अपने प्रण पालन के निमित्त कभी-कभी छिपे-छिपे भी पाकिस्तान की सहायता कर बैठते हैं! यह है इनका महान सिद्धान्त 'वसुधैव कुटुम्बकम्'।

"जब इन्हें पता चला कि महाराज के शीशे को कोई जोड़ नहीं रहा है तो इन्होंने अपनी सीमेंट फैक्टरी के इंजीनियर को साथ लेकर महाराज से मिलने का निश्चय किया। मिले। देखा! तय पाया कि इसे तो वे जोड़ ही सकते हैं, हू-ब-हू इसी तरह का दूसरा शीशा भी तैयार करा सकते हैं! बल्कि कुछ विशेषता के साथ। महाराज बाग-बाग हो गये! महाराज ने मुँहमाँगा इनाम देने का वचन दिया!

"जल्द ही दोनों शीशे महाराज के सामने आ गये! शीशा तो सेठ श्री... मियाँ ने भेंट किया लेकिन इनाम कुछ नहीं लिया! बहुत ज़िद करने पर कहा कि अगर देना ही चाहते हैं तो अपने ही ऊपर एक नियन्त्रण का इनाम दीजिए! महाराज पहले तो चकराये पर बात हार चुके थे! 'हाँ' कहना पड़ा।

सेठ जी ने कहा—इस शीशे में आपको दुनियाभर का सब कुछ दिखायी पड़ेगा इसलिए इसको छोड़कर अपनी आँखों साक्षात् संसार न देखने का वादा कीजिए!

''महाराज को इसमें क्या आपत्ति हो सकती थी! जब सारी दुनिया घर बैठे ही उसमें दिखायी पड़ जाय तो व्यर्थ भटकने की क्या ज़रूरत। सेठ जी ने अपनी कम्पनी के बने हुए शीशे की विशेषता बताते हुए कहा कि इसके एक कोने में जो यह छोटा-सा गोलाकार उभरा हुआ वृत्त है इसमें और कुछ नहीं केवल आपका सुन्दरतम रूप दिखायी पड़ेगा! उसमें चाहे जो देखे लेकिन रूप दिखायी पड़ेगा आप ही का! महाराज फूल उठे!

''चलते समय सेठ जी ने कहा—अगर महाराज इस शीशे को ज़्यादे पसन्द करें और चाहें कि जनता भी इससे लाभ उठाये तो मैं इसे मुफ़्त बाँटने को तैयार हूँ!

''महाराज ने प्रसन्न होकर कहा—आप से ऐसे ही सहयोग की आशा है!"

इतना कह चुकने पर कवि कुसुम जी कुछ रुके! लोगों ने इशारा समझ लिया और शीघ्र ही पुरवे में पानी आ पहुँचा। कवि जी ने कहा, "शायद आप लोग जानना चाहें कि मैंने उस शीशे को कैसे देखा? सो, अब वही कथा कहता हूँ!"

"अभी-अभी जब महाराज के राज्याभिषेक के अवसर पर विराट कवि-सम्मेलन हुआ था उसी में मैं गया था! मेरी कविता में महाराज का चित्र बहुत कुछ ऐसा ही उतरा था जैसा उनके शीशे में आता है! यह बात उनके सगे-सम्बन्धियों को ख़ूब जँची और फिर तो महाराज ने मुझे अपने यहाँ व्यक्तिगत रूप में नियमन्त्रि किया। कविताएँ सुनायीं। महाराज प्रभावित हुए और उसी प्रभाव में उन्होंने मुझे अपना वह शीशा दिखाया!

"आश्चर्य का ठिकाना न था! सारी दुनिया उसमें साफ़-साफ़ उतर आयी थी। परन्तु उसमें वह इतनी कुरूप न थी। सबसे पहले उन्हीं सेठ जी का चित्र दिखायी पड़ा! वे हिमालय के ऊपर आसीन हैं! उनके चरणों से अनेक नदियाँ निकल रही हैं और वे सभी देश में नसों के जाल के तरह फैली हैं! वे जिधर देख देते हैं उधर सोने-चाँदी की बरसा हो जाती है!

पानी की जगह अब यही बरसता है। इससे लोगों को थोड़ी-बहुत चोट ज़रूर आ जाती है; खपड़ा नरिया फूट जाता है, कुछ लोगों का सिर भी, खेतों में फ़सलें सिर झुका लेती हैं नम्रतावश! लेकिन इससे क्या! सारी धरती स्वर्णिम हो उठी है!

"इसी बीच सेठ जी थोड़ा-सा मुस्करा देते हैं! यह मुस्कान है कि वसन्त का अग्रदूत! धरती के सभी पेड़-पौधे सिर से पैर तक फूल से लद जाते हैं!

"यही नहीं जहाँ-जहाँ उनके पगचिह्न पड़ गये हैं वहाँ मिलें खड़ी हो गयी हैं! उनमें काम करने वाले मजूरों के अंगगठन का क्या कहना? गोया ग्रीक शिल्पियों की तराशी हुई पाषाण प्रतिमाएँ हैं! रंग ज़रा झँवा गया है और बोल नहीं रहे हैं और सब कुछ ठीक है! रतिदेव की कीर्ति में प्रवाहित चर्मण्वती की तरह इन्हीं सेठजी की कीर्ति में भी एक नदी बह रही है जो उनके नाम पर स्थापित नगर के पास से बहती है! रंग उसका लाल तो है लेकिन कौन जाने यह तपे हुए स्वर्ण की धारा है—रक्त नहीं!

"अन्तरराष्ट्रीय मानचित्र तो इसमें और भी अद्‌भुत दिखायी पड़ता है। अमेरिका और भारत के बीच फैला हुआ जो सारा प्रशान्त महासागर है वह न जाने कैसे सरक कर रूस और भारत के बीच हो गया है! पहले तो कुछ ऐसा लगा कि मेरा देश शायद संयुक्त राष्ट्र अमेरिका का एक अंग तो नहीं है लेकिन महाराज ने कहा कि सीमारेखा तो कम-से-कम है ही!

"इसके बाद दिखायी पड़ा कि अमेरिका से बड़ी-बड़ी मिलें ही नहीं गेहूँ के लहराते हुए खेत के खेत भी उठ-उठकर हमारे देश में आ रहे हैं! अख़बारों में तो यही पढ़ा था कि बने-बनाये मकान ही वहाँ से आते हैं लेकिन यहाँ तो बने-बनाये आदमी भी, वह दानी देश, भेज रहा है!

"इसके बाद कुछ ऐसी चीज़ें थीं जिन्हें महाराज ही समझा सकते थे! उन्होंने कहा—यह जो अमेरिका से धुआँ उठ रहा है तथा अन्य देश धूम्रहीन हैं, उसका यह रहस्य है कि अमेरिका में सबसे बड़ा भोजनालय खुला है। चूँकि अब सारा संसार एक हो गया है; इसलिए सुविधा के लिए आपस में काम का बँटवारा कर लिया गया है! भोजन बनाने और रुपया-पैसा रखने का कठिन काम अमेरिका ने अपने ऊपर लिया है! वहीं 'लेक सक्सेस' में सबसे बड़ा भोजन गृह है और सुबह-शाम सभी देशों के लोग जुटकर वहाँ

हँसी-ठट्ठे के बीच भोग लगाते हैं! एक तो अमेरिका में आदमियों की कमी दूसरे पाकिस्तान से रहा नहीं गया! उसने दावा किया कि साकी और बावर्ची की कला हमारी मौरूसी है। इसीलिए पाकिस्तान के ज़िम्मे केवल भोजन बनाने और परोसने का काम है! यद्यपि हिन्दुस्तान के ब्राह्मण भी इसके उम्मीदवार बने और ऐसा मालूम हुआ कि इस पद के लिए वोट की नौबत न आ जाय परन्तु 'अभक्ष्य' पकाने और परोसने का जब नाम लिया गया तो भारतीय महाराज लोग चुपचाप खिसक गये! इंग्लैंड का कहना है कि वह शिकारी रहा है इसलिए गोश्त जुटाने का काम उसी के ज़िम्मे सौंपा जाय। इसके लिए उसने भारत के जंगलों को विशेष पसन्द किया! भारत को भी बड़ी प्रसन्नता हुई कि बिना मेहनत यहाँ के जंगली जानवर ख़त्म हो जायेंगे। स्वयं भारत तो कृषिप्रधान देश के रूप में बदनाम है—यह तो बैलों का देश कहा ही जाता है। फलतः खेतीबारी का हल्का-सा काम इसके कन्धे पर पड़ा! फ्रांस सुकुमार ठहरा; इसलिए साहित्य-संगीत-कला के द्वारा भोजन के समय लोगों का मनोरंजन करना उसके ज़िम्मे रहा!

"रूस ने कहा कि हम इस तरह के कार्य विभाजन में विश्वास नहीं करते; इसलिए उस देश की जनता सब कुछ करती है!

"महाराज ने कहा कि आपस का यह भाईचारा इस हद तक भी जा सकता है कि एक देश को केवल भोजन करने का काम रहेगा तो दूसरे को केवल कमाने का; तीसरा देश केवल सोने का ज़िम्मा लेगा; चौथा पढ़ने-लिखने का और पाँचवाँ केवल खेलने का! इस तरह विश्व एक विराट पुरुष के रूप में हो जायेगा और सभी देश उसके अंग होंगे! महाराज का इतना कहना था कि दर्पण में संसार का मानचित्र विराट पुरुष के रूप में प्रकट हो गया जिसका सिर इंग्लैंड, मुख अमेरिका, उरु भाग फ्रांस तथा भारत आदि हाथ-पैर!

"देखते देखते मेरे मुख से निकल पड़ा—

तच्च संस्मृत्य संस्मृत्य, रूपमत्यद्भुतं हरेः।
विस्मयो ये महान् राजन् हृष्यामि च पुनः पुनः।।

"अब महाराज ने मेरी यह दशा देखी तो शीशे से हटाकर अलग ड्राइंगरूम में ले आये। फिर सस्मित वदन बोले—तुम मेरे अत्यन्त प्रिय हो,

इसलिए यह अत्यन्त गोप्य दर्पण तुम्हें दिखा दिया! मैं तुम पर परम प्रसन्न हूँ! इस तरह का एक शीशा तुम्हें दे भी सकता हूँ; परन्तु यह ध्यान रखना कि अपात्र या कुपात्र को यह रहस्य न मालूम हो सके!

"मैंने कहा—महाराज, अगर इस शीशे का प्रचार पूरी जनता में हो जाता तो सभी लोग लाभ उठाते और अनेक चिन्ताओं से मुक्त हो जाते!

"महाराज बोले—तुम अकेले अपने हित की अपेक्षा औरों का भी हित चाहते हो, इसलिए मैं तुम पर और भी प्रसन्न हूँ! परन्तु इस शीशे के प्रचार के लिए अभी सेठ जी से पूछना पड़ेगा! अच्छा जाओ। तुम अब यथेष्ट प्रचार करो!"

इतना कहकर कवि जी चुप हो गये! लोग कविता सुनना भूलकर वह शीशा देखने के लिए व्याकुल हो उठे। कवि कुसुम ने मुस्कराते हुए कहा—"पहले एक कविता सुन लीजिए तब वह दर्पण दिखाऊँगा!"

हम लोग लाचार थे। सुनना पड़ा! कविता भी बहुत कुछ ऐसी ही थी पर हमारा ध्यान उस शीशे को देखने की ओर अधिक था। कविता समाप्त होने पर जब सबने वह दर्पण दिखाने के लिए फिर आग्रह किया तो कवि कुसुम यह कहते हुए उठ गये कि वही दर्पण तो अभी-अभी सुनाया है। यह दिखाया नहीं जाता! हम लोग हक्के-बक्के रह गये! सचमुच उसमें महाराज का चित्र तो था ही, देश का भी अद्‌भुत रूप अंकित था!

यही शीशा—दुर्लभ शीशा न जाने किस तरह टूट गया! कुछ ही दिन हुए कवि कुसुम ने पत्र लिखा है कि पूर्वी क्षितिज पर एक दिन श्रम श्याम बदली छा गयी और बिजली की ऐसी कौंध हुई कि शीशा उस ज्योति को न सँभाल सका और टूट गया! आह! वह कौंध—'वह कौंध कि जिससे अन्तर की शीतलता ठण्डक पाती है!'

मुझे सख़्त अफ़सोस है कि कवि जी का वह बेशक़ीमती शीशा टूट गया। निर्मम कहीं का! कवि का पत्र शीशे की तरह चमचमाता हुआ मेज़ पर पड़ा है लेकिन उसमें न तो महाराज का चित्र है और न इस दुनिया का नक़ली नक़्शा! वही बदली हँस रही है! बाहर जहाँ तक निगाह जाती है नदी-नद, ताल, पोखर यहाँ तक कि रास्ते भी सुन्दर चमकदार शीशे की तरह छलक उठे हैं और उनमें वही बदली—श्रम श्याम कोटि-कोटि सिर वाली बदली हँस रही है, हँस रही है? पता नहीं महाराज के दर्पण की क्या दशा है?

जयन्ती पर (लेख, जो न लिख सका)

आख़िर मैं लेख नहीं लिख सका और नगर के सुप्रसिद्ध पत्र का वह विशेषांक निकल गया : विशेषांक जो माननीय मन्त्री जी का 'जयन्ती अंक' है! जानता हूँ कि मेरा घाटा हुआ—एक तो दस रुपये का जो लेख के पारिश्रमिक स्वरूप होता, दूसरा नाम का जो एक बार फिर लोगों की भूलती हुई आँखों के सामने आता! आप कहेंगे कि आख़िर भले आदमी, इतना पछताने की क्या ज़रूरत है? लिख क्यों नहीं डाला?

और आपसे सच कहता हूँ कि मैंने लिखने का प्रयत्न न किया हो ऐसी बात नहीं है! कई बार इन तीन दिनों के बीच क़लम लेकर बैठा लेकिन... यह ज़बर्दस्त 'लेकिन'...! सम्पादक जी के इतने प्रलोभन...? शायद आप सोचें कि मैं अपनी निस्पृहता का नगाड़ा पीटकर यश बटोरना चाहता हूँ लेकिन मेरे दोस्त, मैं तो अपनी मजबूरियाँ बताना चाहता हूँ! लेख न सही तो यही सही!

कोई एक सप्ताह पहले उस पत्र के कार्यालय में गया पुराना हिसाब-किताब देखने! सम्पादक जी के पास पहुँचा तो क्या देखता हूँ कि पहले ही से मेरे एक साहित्यिक मित्र बैठे हैं! देखा तो, दोनों के हाथ में एक-एक रजिस्टर था! पहुँचते ही पंच बनाया गया।

पहले बोले सम्पादक जी—"भाई तुम भी सुन लो। बड़े मौक़े से आये! बात यह है कि आज के सातवें दिन माननीय...मन्त्री महोदय की जयन्ती पड़ती है और आपका कहना है कि उस दिन कविवर प्रसाद जी की जयन्ती है! ये ले आये हैं प्रसाद जी पर लेख और हमें ज़रूरत है मन्त्री जी पर! हम उसे कैसे स्वीकार कर सकते हैं?"

मेरे मित्र अपना पक्ष उपस्थित करते हुए बोले—"अब आप ही देखिए यह रजिस्टर! पिछले साल जब मैंने देखा कि अख़बारों में प्रायः नेताओं और साहित्यकारों की जयन्तियों पर विशेषांक निकल रहे हैं और कई एक का पता न होने के कारण मैं चूकता जा रहा हूँ तो मैं स्वयं ही सम्पादक जी के पास आया! इनसे पूछा कि आगामी दो-तीन महीनों में आने वाली जयन्तियों का नाम मय तिथि के लिखा दीजिए! काफ़ी टाल-मटोल करने के बाद सम्पादक जी ने अपना जयन्तियों वाला रजिस्टर निकाला और मुझे देकर कहा कि उस टेबिल पर बैठकर नक़ल कर डालिए।

सो मैंने अपने इस रजिस्टर पर सब कुछ उतार डाला! आज जब 'प्रसाद जयन्ती' के लिए लेख लेकर आया हूँ तो आप बता रहे हैं कि माननीय मन्त्री महोदय की जयन्ती का अंक निकलेगा! आख़िर, कौन-सा रजिस्टर प्रामाणिक माना जाय? इन्होंने मुझे इस तरह धोखा क्यों दिया? किसी को हमारे इन साहित्यिक मित्र पर दया आनी चाहिए फिर मैं तो उनकी साक्षात् करुण मूर्ति ही देख रहा था।

मैंने देखा सम्पादक जी की भी अनेक कठिनाइयाँ हैं! वे भी मजबूर थे! अगर उनका वश चलता तो शायद अपनी भी जयन्ती उस रजिस्टर पर चढ़ा देते लेकिन मामला था मालिक का! आख़िर प्रसाद जी से मालिक को क्या लाभ होता? क्या प्रसाद जी भी कोयला-सीमेंट वग़ैरह का 'परमिट' दे सकते हैं? क्या प्रसाद जी स्वर्ग से सम्पादक जी को सरकारी सूचना विभाग में नौकरी दिला सकते हैं? वग़ैरह वग़ैरह कितनी ही बातें हैं! मैं सोचता रहा।

सम्पादक जी मुझे चुप देखकर बोले—"मैं तो इनसे कह रहा हूँ कि आप मन्त्री जी पर एक कविता लिखकर ले आइए—कविता भी तो आप लिखते हैं!" सहसा सम्पादक जी का स्वर कुछ मुलायम और मन्द हो गया—"भाई, तुम्हें नाम छपने से मतलब है या इनसे उनसे कुछ लेना-देना है? हम भी अपने पत्र के नाम के लिए उनका जयन्ती अंक निकालते हैं कि कोई उनके नाम के लिए। शायद 'भरत मुनिहिं मन भीतर भाये' और मित्र मौन रहे। मैं देख रहा था कि मामला क़रीब-क़रीब अपने आप समझौते के बिन्दु तक पहुँच गया! अब सम्पादक जी मुड़े मेरी ओर। बोले—"क्या सोच रहे हो?"

"यही कि अगर यह जयन्ती सूची छपवाकर बँटवा देते तो बड़ा अच्छा होता! अनेक लोगों का उपकार हो जाता!"

सम्पादक जी ने कनखियों से मेरे मित्र की ओर देखते हुए कहा—"अगर इन्हें आपत्ति न हो!" मैंने अपने मित्र की ओर जो देखा तो लगा कि उनके हरे-भरे चेहरे पर जैसे हज़ारों टिड्डियाँ उतर आयी हैं! पता नहीं सम्पादक जी इस पर किस करवट बैठें लेकिन वे किसी-न-किसी ओर लुढ़क पड़े क्योंकि पेंदी न थी। ख़ैर उस बात को फिर कुरेदने का अर्थ कुछ और होता इसलिए मैं उठकर चलने लगा तो सम्पादक जी बोले—"अरे, कहाँ चले इतनी जल्दी! कुछ तुम भी इस अंक में लिखो! लेख ही सही! स्वयं उन्होंने तो अपना जीवन चरित ही लिखा है। कुछ उसी की सहायता से लिख डालो!"

"क्या उस जीवन चरित की बात कह रहे हैं, जिसमें जीवन कम चरित्तर ज़्यादा है मैंने जोड़ दिया! बात उनके बगल से निकल गयी! सम्पादक जी तो 'निरानन्द' थे ही; उन्हें चरित्तर से क्या मतलब। बोले—"भाई, मुझे लेख चाहिए, लेख! बोलो कब तक दोगे? परसों तक दे दोगे? उधर से ही मेरा चपरासी आयेगा!"

जहाँ नहीं का अर्थ भी 'हाँ' लगाया जाता है वहाँ चुप रहना भी कम ख़तरनाक नहीं परन्तु मैंने ख़तरा ही उठाया और चुपचाप चला आया! वे लक्षण पारखी थे—स्वीकृति लक्षण देखते रहे!

चपरासी आया और गया लेकिन कौन जानता था कि एक बार फिर आने के लिए! लेकिन इस बार उस लेख के लिए नहीं—इस लेख के लिए : लेने नहीं, यह लेख देने : इस लेख का विषय देने!

निर्धनता से जर्जर चपरासी हमारे पड़ोस में ही रहता है बेचारा! लोग कहते हैं काल खा जाता है आदमी को। मैं देखता हूँ आदमी खा जाता है आदमी को! आख़िर आदमी भी तो दिनों का यानी काल का समूह है! साफ़ इस आदमी के चेहरे से मालूम हो रहा है कि उम्र तो इसे किनारे छोड़ गयी है लेकिन धन की धारा ने इसे काफ़ी आगे ढकेल दिया है! इसके बाल आधे से अधिक सफ़ेद हो गये हैं पैंतीस में ही—चाँदी की धूप इतना ताप देती है। सारा जीवन क्या है जैसे बटरबा का गोबर! न किसी की चाह न प्रीति पर न जाने कैसे आदमी का हृदय दूसरे में अपने ही जैसा हृदय पा लेता है!

यों ही वह खुल पड़ा! बोला—"बाबू कल शहर में हड़ताल होने वाली है! सभी मजूर ऐसा ही करेंगे! लेकिन मैं...मैं...इतने दिन मालिक का नमक खाता रहा! कैसे काम से पीछे हटूँ! मेरे घर आज ही कल में बच्चा होने वाला है! घर की दीवालें तक भूखी हो रही हैं लेकिन दो महीने का वेतन बाक़ी है! कल मालिक ने देने को कहा था लेकिन जाने पर कहा—अभी बैंक से रुपया नहीं आया है! वेतन कल मिलेगा!

उधर सम्पादक जी का कहना है कि ठीक समय पर अंक निकाल देना है और समय बहुत कम है इसलिए काम के घण्टे ड्योढ़े हो जायेंगे। कल मिलजुलकर सारा अंक निकाल देना है!

वह चला गया! यह बात रात की है!

तीन बजे सुबह का ही उठा हूँ! कब से वह लेख लिखने की कोशिश कर रहा हूँ! परन्तु ज्यों ही मन्त्री महोदय का चेहरा मेरी आँखों के सामने आता है उस चेहरे पर कलंक की तरह झट आ जाता है काला-कलूटा चेहरा चपरासी का! जी नहीं लग रहा है! मन्त्री जी का आत्मचरित ही उठाकर पढ़ता हूँ! ये वाक्य आज से पन्द्रह वर्ष पहले उन्होंने लिखे थे—'मेरे विचार इतने वामपन्थी और उग्र हैं! मुझे भय है कि अगर इसी तरह क्रमिक विकास होता रहा तो एक समय आयेगा जब मेरे विचार इतने आगे इतने आगे बढ़ जायें कि और लोग बहुत पीछे छूट जायें और मुझे छोड़ जायें!'

कितनी सच्ची भविष्यवाणी की थी नेता जी ने! सचमुच वे इस धरती को पार कर इतना आगे, इतना ऊपर चले गये हैं कि वह स्वभावतः जनता से दूर हटते जा रहे हैं! जनता भला उस आदर्श तक पहुँच सकती है कभी?

मैंने चाहा कि लेख इसी उद्धरण के साथ शुरू करूँ और इसी प्रकार समाप्त भी करूँ लेकिन अब तो उसका लिखना ही बेकार होगा क्योंकि वह विशेषांक अब निकल चुका होगा! फिर शायद वह सम्पादक जी को भाये भी नहीं!

इसी उधेड़-बुन में पड़ा-पड़ा काग़ज़ पर कुछ लिख काट रहा हूँ कि दरवाज़ा खोलकर आ जाता है वही चपरासी! सुबह की सुनहली धूप कह्लार शीत वायु के झकोरे के साथ कमरे में घुस आती है! मैं कुछ पूछूँ इससे पहले वह चपरासी ही बोल उठता है—"बाबू जी मेरे घर भगवान का जन्म हुआ है!"

उसकी प्रफुल्ल दृष्टि उस धूप से कहीं अधिक स्वच्छ और चमकदार थी! उसके धवल केशों की ओर से भोर हो रही थी!

मैंने कहा, "नहीं स्वयं नेता जी ने अवतार लिया है!" उसका मुँह कुछ विकृत हो गया!

हम बात ही कर रहे थे कि दूर 'इंक़लाब' के नारे गूँज उठे! उसके शरीर में जैसे बिजली दौड़ गयी! मैंने हँसते हुए पूछा—"काम पर तो जाओगे न आज?"

'नहीं लाम पर!' कहता हुआ वह निकल गया!

पन्द्रह मिनट से ऊपर हुए होंगे—हाँ ऊपर ही! और देख रहा हूँ कि हज़ार-हज़ार सिरों का एक सिर झूमता हुआ सड़क से जा रहा है! उसके दोनों ओर किनारे की तरह हिलती-डुलती लाल पगड़ी की क़तार और उस सीमा का उल्लंघन सी करती हुई वह कसमसाती जनधारा! वह उसी धारा में बह रहा है!

आज सन्तोष के घर असन्तोष पैदा हुआ है—पुराने आदमी के घर नया आदमी और नेता जी भी (जो अब हमारे माननीय मन्त्री हैं) आज ही पैदा हुए थे! लेकिन आज जनता का नया नेता पैदा हुआ है! आज मेरा भी जन्म हुआ है! इसलिए नहीं कि जन्मकुण्डली कह रही है बल्कि इसलिए कि धरती कह रही है—नया आदमी कह रहा है!

मैं ज़रूर लेख लिखूँगा और जयन्ती पर ही लेकिन सम्पादक जी द्वारा निर्देशित जयन्ती पर नहीं बल्कि अपनी जयन्ती पर अपने भीतर और बाहर उठने वाले नये आदमी की जयन्ती पर। भले ही वह कुछ लोगों की पुण्यतिथि ही हो जाय!

मुझे तनिक भी खेद नहीं कि मैं लेख न लिख सका और नगर के सुप्रसिद्ध पत्र का वह विशेषांक निकल गया : विशेषांक जो माननीय मन्त्री जी का जयन्ती अंक है!

गया वक़्त जो फिर आयेगा

संकठा मर गया।

और मैं—उसका साथी, शब्दों के दो फूल भेंट न कर सका। दो शब्द ख़र्च करने से मेरा कोष खाली न हो जाता—फिर भी मैं ख़र्च न कर सका।

ख़र्च न कर सका :

इसलिए नहीं कि मेरा हृदय बहुत भरा था—इतना भरा कि कुछ लिख न सकूँ;

इसलिए नहीं कि लिखने की कोई बात न थी;

इसलिए भी नहीं कि बहुत बड़ी तैयारी की ज़रूरत थी।

केवल इसलिए कि वह कोई बहुत बड़ा आदमी नहीं था; कि उसको कोई जानता नहीं था; कि उसकी मौत किसी हड़ताल या क्रान्ति के दौर में नहीं हुई थी; कि उसकी मौत आकस्मिक न थी। जब अख़बार में उसकी मौत की ख़बर भी नहीं छप सकती थी तो लेख या संस्मरण दूर की बात है! मामूली क़त्ल और आत्महत्या की ख़बरें अख़बारों में जगह पा जाती हैं—उनका नाम छपता है; मगर संकठा की मौत तो इस तरह की कोई दुर्घटना न थी। अख़बारों में आकस्मिकता को जगह होती है, असाधारणता को जगह होती है, विलक्षणता को जगह होती है! घटना सामान्य हो तो पुरुष असामान्य चाहिए और यदि पुरुष सामान्य हो तो घटना असामान्य चाहिए। मैं भूख से आत्महत्या कर लूँ, नाम छपेगा : क्षय से मरूँ कोई ध्यान न देगा। यहाँ मौत की भी जातियाँ हैं।

संकठा सामान्य पुरुष था और उसकी मौत क्षय की मौत भी सामान्य ही घटना थी।

आप कह सकते हैं कि अगर इतना ही मोह था तो कहानी के रूप में वही चीज़ लिख जाते; अनेक लेखकों ने ऐसा किया है।

लेकिन, अफ़सोस, मेरे दोस्त! मुझे कहानी में हक़ीक़त खोजना तो आता है मगर हक़ीक़त को कहानी बनाना नहीं आता! झूठ के जामे से सच को निकाल सकता हूँ लेकिन सच को झूठ का जामा नहीं पहना सकता! मैं जानता हूँ कि तुम सच को गल्प के रूप में बर्दाश्त करने के आदी हो, लेकिन मैं चाहता हूँ कि सच को नंगे सच के ही रूप में बर्दाश्त करो।

जो दिन और रात की तरह सच था, जो सुबह और शाम की तरह सच था, जो धरती और आकाश की तरह सच थी। जिसकी ज़िन्दगी सच थी और उससे कहीं ज़्यादा सच मौत थी, उसे कहानी कहूँ! उसका नाम बदलकर कहानी लिखूँ! वह संकठा न होगा : मैं हूँगा!

संकठा और कहानी।

हाँ, उसे कहानियाँ पसन्द आती थीं, मगर उसे कहानी बनने नहीं आया। उसने भी कहानी के नायकों के साथ आँसू बहाया; उनकी खुशी पर खुश हुआ; उनके साथ अपनी तुलना की—एकता स्थापित की; लेकिन वह 'सतीश' न बन सका, वह 'दिवाकर' न बन सका, श्रीकान्त न बन सका। जब उसने किसी कॉलेज की लड़की को प्यार नहीं किया; प्रेम पत्र नहीं लिखे, नदी के किनारे उसके हाथ हाथ में लिए चहलक़दमी नहीं की; पुलों के देश की सैर नहीं की तब उसकी कहानी कैसी? सच बताइए आप ऐसे नायक—नीरस नायक, मनहूस नायक का कहानी पढ़ेंगे!

कृष्णचन्द्र इस बात को जानता है, इसलिए उसका कोई नायक इससे ख़ाली न मिलेगा। मगर, मैं कहाँ से एक लड़का लाकर संकठा के जीवन में डाल दूँ?

माना, बिना रोमांस के भी काम चल सकता है। लेकिन कहानी के लिए नायक की ज़िन्दगी में चढ़ाव-उतार तो चाहिए ही। क्लाइमेक्स के बिना कथा क्या? पहाड़ के बिना पृथ्वी कहीं सुनी है! और संकठा यहाँ भी चूक गया! जहाँ तक मैं जानता हूँ : वह लगभग मेरे ही साथ पैदा हुआ, साथ-साथ कुछ दूर तक पढ़ता रहा, फिर इलाहाबाद ए.जी. ऑफ़िस में किरानी और बोट देने की उम्र होते-होते ख़त्म। उसे उम्र तो मिली लेकिन ज़िन्दगी नहीं।

संकठा का मतलब 21 वर्ष और कुछ नहीं। जैसे एक मामूली घर की दीवार पर 21 वर्षों का सड़ा-गला कैलेंडर टँगा हो।

दफ़्तर से तनख़्वाह मिलती और वह पिता के हाथों रख देता एक मुस्कराते संकोच के साथ! यह तो साल पूरा होने पर मालूम हुआ कि उन रुपयों के साथ दफ़्तर ने महीने-महीने क्षय के कीटाणु भी दिये थे!

बस इतनी-सी बात। सीधी-सी कथा। और तय है कि समय की ऐसी लकीरों पर कहानी का रेखाचित्र नहीं बनता।

इसीलिए मैंने चाहा था कि उसका संस्मरण लिखूँ। लेकिन किसी का संस्मरण लिखने के लिए दो में से एक ज़रूरी है—या तो वह बड़ा हो या स्वयं लेखक। संकठा के बारे में बात साफ़ है क्योंकि आप उसे जानते नहीं और जिसे आप जाने नहीं बड़ा। दूसरी ओर लेखक की भी हालत संकठा से ज़्यादे अच्छी नहीं है। लिखने के लिए बड़ा होना ज़रूरी और बड़े होने के लिए बड़ों का होना ज़रूरी है और बड़ों का होने के लिए बहुत कुछ ज़रूरी है। इन सबके लिए वक़्त चाहिए। मैं तब तक इन्तज़ार नहीं कर सकता। डर है, कहीं बड़े होने पर संकठा को भूल न जाऊँ! स्मरण शक्ति का ख़राब होना—या कम-से-कम ख़राब होने का अभिनय करना बड़प्पन की पहली शर्त है। और ऐसा आदमी जब कभी भूला-भटका किसी को याद कर लेता है तो दोनों की शोभा बढ़ती है। बड़े होने पर पिछली ज़िन्दगी की छोटी-से-छोटी घटना को याद करना और कराना ही संस्मरण है। मगर मेरे लिए यह मरण है!

संकठा—जो संकटों से जूझता रहा, उसकी ज़िन्दगी में आकृष्ट करने वाली कोई घटना नहीं दिखती! न उसने किसी शेर का शिकार किया और न किसी आदमी का। उन राजा और बादशाहों के साथ दावत भी नहीं खायी जिनका अस्तित्व कहीं नहीं। जो जीवन के चक्कर में ही मरा जा रहा था उसका चरित्र क्या? चरित्तर लिखने के लिए जीवन का साथ कोई ज़रूरी नहीं! जिसके मरने पर नाम के साथ किंवदन्तियाँ नहीं जुड़ीं उसके संस्मरण क्या लिखूँ! भले ही उसकी ज़िन्दगी में वर्तमान कुछ न हो, लेकिन वह भविष्य था—भविष्य जो अब भूत हो गया और भूत जो अब कभी न आयेगा। मुझे याद है : शाम की हर विदा-वेला उसने ग़ालिब का यह शेर

कहा था—'मैं गया वक़्त नहीं हूँ कि जो आ भी न सकूँ।' लेकिन वक़्त आया और वह चला गया। अब गया वक़्त तो कभी-कभी आ भी जाता है मगर वह गया साथी! ज़िन्दगी में हमेशा वादा पूरा करने वाला आज वादे से मजबूर है।

मैं ऐसे ही एक 'भविष्य' का संस्मरण लिखना चाहता हूँ। पुराने कवि 'भूत' का संस्मरण लिखते थे क्योंकि उन्हें संस्मरणीय को ख़ुश करने की ज़रूरत न थी। नये लेखक 'वर्तमान' का संस्मरण लिखते हैं क्योंकि उन्हें संस्मरणीय की इनायत की क़ीमत मालूम है! और मुझे उस भविष्य की क़ीमत मालूम है!

संकठा, वह सपना था जो आँखों में आने से पहले ही चला गया; वह एक मुकुल जो खिलने से पहले ही मुरझा गया : वह मुकुल : 'कंटकों की सेज जिसकी आँसुओं का ताज!' वह एक बात था जो बनने से पहले ही बिगड़ गया; एक फ़साना था जो पूरा होने से पहले ही ख़तम हो गया, वह एक इन्सान था जो जवान होने से पहले ही राख हो गया। मैंने उसे उठते देखा, उभरते देखा, खिलते हुए देखने के लिए सुबह-सुबह ही गया कि कुम्हलाते देखा। पंखुड़ियों पर ओस की एक बूँद न जाने कहाँ से आ गयी थी : और फिर एक आवाज़ "यह सुन्दर सुबह, यह हरी-भरी धरती, यह आदमियों से भरा हुआ गाँव मैं इनके लिए जीना चाहता हूँ एक बार फिर जीना चाहता हूँ"!

जिसे मैंने एक बार कहते सुना था—"अब तो घबड़ा के यह कहते हैं कि मर जायेंगे," उसी को आज संकटों के बीच भी जीवित रहने के लिए सुना! यह नहीं है कि वह मुश्किलें बर्दाश्त न कर सका; मुश्किलें उसे बर्दाश्त न कर सकीं। जीवन संघर्ष उसे प्रिय था मगर शायद संघर्ष को वह प्रिय न था! इसीलिए उसे ईश्वर का प्रिय बनना पड़ा।

जहाँ ऐसे-ऐसे भविष्यों को कुचलकर भूल बना दिया जाता है; उस व्यवस्था के वर्तमान छाती पर ही भविष्य का अवतार होता है! संकठा गया वक़्त नहीं, आने वाला वक़्त है इसलिए ये शब्द और इसीलिए यह क़लम।

हुई मुद्दत कि बन्दा मर गया पर याद आता है!

प्रिय रा...,

आख़िर युवक कवि नामवर चल ही बसे! कई तरह के अटकल लगाये जा रहे हैं उनकी मौत के बारे में! अख़बारों की भी राय एक नहीं है! कोई कहता है कि उन्होंने किसी प्रेमजनित निराशा के कारण आत्महत्या कर ली है तो कोई कहता है कि भूख और फाके के कारण! उनके कुछ साथियों का कहना है कि माया कोव्सकी की तरह इनकी भी आत्महत्या में कुछ ट्राटस्कीवादियों का हाथ है! स्वयंसेवक लोग तो इसे हिन्दू-मुस्लिम प्रश्न का रंग देना चाहते हैं लेकिन रूसी पत्र 'लाल धरती' का आरोप है कि इसमें शान्ति के शत्रु अमेरिकनों अथवा एटम बम का कोई हाथ ज़रूर है!

ख़ुद वे भी अजीब आदमी थे! इस बारे में कुछ लिखकर छोड़ भी नहीं गये! न मालूम क्या जल्दी थी उन्हें! इतना ज़रूर जानता हूँ कि जिस दिन 'संगम' का दीवाली अंक निकाला उसी दिन से उदास दिखायी पड़ रहे थे! उन्होंने जब धर्मवीर भारती को 'अपनी मौत पर' तड़पते देखा तो जनाज़े के साथ सहानुभूति प्रकट करते कहा—'ज़रा धूम से निकले' फिर मालूम हुआ कि स्वर्ग में कोई उत्सव हो रहा है जो सभी लोग एक-एक कर जा रहे हैं! मैंने जब पूछा कि आख़िर और किन-किन को आपने जाते देखा तो वे बोले, "इस साल सबसे पहले तो डॉ. मुल्कराज आनन्द ही चल पड़े! देखादेखी प्रो. कन्हैयालाल कपूर वग़ैरह ने भी वही राह पकड़ी! सुनते हैं 'सरगम' ने इसके लिए अलग से एक ताबूत ही बनवा दी है!"

फिर कुछ रुक कर बोले—"मालूम होता है यह भी कोई व्यक्तिगत सत्याग्रह आन्दोलन है! सन् 40 में चूक गया सो उसका फल आज तक

भोग रहा हूँ बेकार पड़ा-पड़ा। अगर इस बार भी चूका तो न जाने क्या होगा?"

अब मुझे याद आया! कपूर साहब के रूप में जिस दिन छह फुट लम्बी हँसी की रेखा बुझ गयी उसी दिन वे कुछ हताश से हो चले थे। कह रहे थे कि कपूर साहब ने अपनी मौत का कारण छिपा लिया है। दरअसल वे कुछ ऊँचा सुनते थे! किसी ने उनसे एक दिन अपनी गली छोड़ने के लिए कहा और उन्होंने गली की जगह 'दुनिया' सुन लिया! लेकिन भारती को क्या पड़ी थी? उनको देखकर धोखा हो जाता था कि वे हैं भी या नहीं! लेकिन मालूम होता है देखादेखी वे भी चल पड़े!

अब क्या कहूँ तुमसे! यही तो नामवर जी में सबसे बड़ी ख़ामी थी! किसी को कुछ भी करते देखते तो खुद भी वही करने लग जाते! सोचना-विचारना तो वे जानते ही न थे! भला मरने की भी नक़ल की जाती है! लेकिन आपने न सवारों को गिना और न कुछ; पाँचवें सवार बनकर चल पड़े! (यद्यपि दिल्ली मौत नहीं है) युधिष्ठिर को आश्चर्य था कि निशि दिन लोगों को यम मन्दिर जाते देखकर भी अनेक आदमी जीवित रहना चाहते हैं! लेकिन उनको आश्चर्य था कि इतने लोगों को जीवित देखकर भी ये कलाकार क्यों मरना चाहते हैं! शायद यही देखने के लिए वे भी मर गये। इस तरह औरों की तरह उन्होंने भी अपनी मौत का सेहरा सुदूर पू. के ही सिर बाँधा!

ख़ैर, मरने के पहले उन्हें इतनी सुबुद्धि तो उपजी ही कि अपनी पत्नी से पूछ लें! वे जानते थे कि यह सुनकर उनकी पत्नी के दिल को ज़बर्दस्त धक्का लगेगा और फिर वे स्वयं भी निश्चिन्त होकर मर लेंगे। लेकिन यह सुनकर उनके आश्चर्य का ठिकाना नहीं रहा कि पत्नी ने अत्यन्त संयत स्वर में कहा—"मेरे लिए तो तुम उसी दिन मर गये जिस दिन तुम्हें कविता का रोग हो गया!" भले आदमी को सुनते-सुनते ही मर जाना चाहिए था लेकिन शायद इतना कोमल हृदय न था उनका! मौत को भी नापसन्द थे वे!

उनके मरने की तारीख़ और वक़्त नहीं मालूम! क्योंकि वे जिस कमरे में रहते थे उसमें न तो कोई घड़ी थी और न कैलेंडर! उन्हें अपनी लम्बी ज़िन्दगी इतनी छोटी मालूम होती थी कि घड़ी और कैलेंडर देखने की न तो

फ़ुरसत थी और न ज़रूरत! इस पर उन्हें तनिक भी अफ़सोस न था कि साहित्य के भावी इतिहासकारों को उनकी मृत्युतिथि न मालूम हो सकेगी क्योंकि उन्हें अपनी जन्मतिथि भी ठीक-ठीक न मालूम थी! जो कॉलेज के रजिस्टर में था, उसे ही सही मानते थे! अख़बारों में राशिफल निकलने पर हर बार अपनी राशि वही मानते थे जिसका फल सबसे अच्छा होता था! कहते थे, 'जो होगा सो होगा। पहले ही से अन्देसा क्यों मोल लें?' बिना अन्देसे के भी उनकी ज़िन्दगी ख़ुद एक अन्देसा थी! उनकी उम्र का कोई ठीक न था! एक ही दिन में साठ बरस के भी दिखायी पड़ते और सोलह बरस के भी! जब कविता लिखते थे तो सोलह बरस के हो जाते थे और जब निबन्ध लिखते थे तो साठ के! यों लोग उनको चौबीस के आसपास का समझते थे!

उनके रंग-रूप, आकार-प्रकार का बयान करना बड़ा मुश्किल है! अपने को वे केवल नाम ही समझते थे—रूप तो उनकी नज़रों में दुनिया थी! मरते समय उनके एक साथी ने कहा कि भाई कम-से-कम एक फ़ोटो तो देते जाओ! इस पर उन्होंने वर्मन की शीशी निकालकर दे दी और उस पर एक चित्र दिखाकर इतना ही कहा—यह इलाज के पहले का नहीं, मौत के पहले का है! जब मित्र ने बहुत हठ किया तो उन्होंने कहा कि भाई अब तक तो जब कभी फ़ोटो खिंचाना हुआ 'फ़ोटो कांशस' होकर सब चौपट कर दिया! इसलिए मरने के बाद का लिया हुआ फ़ोटो सबसे 'नेचुरल' होगा।' ख़ैर, छोड़िये इसकी चर्चा क्योंकि उनकी शादी हो चुकी थी!

उनके हाथ की 'जीवन रेखा' बहुत ही कटी-पिटी और छोटी थी! एक बार उसे देखकर एक हथदेखुए ने आश्चर्य प्रकट किया कि आख़िर आप अब तक बच कैसे गये! इस पर उनका कहना था कि अक्सर वे दिन में आठ-दस बार मर जाया करते थे मगर प्रेमी न थे!

पूछा गया 'कैसे?'

बोले—"मरने वाले प्रेमियों की सहानुभूति में दो-चार बार और बाक़ी बार या तो माँगते समय या माँगने वालों को इनकार करते समय!"

सुनते हैं, एक बार वे बाल-बाल बचे! अगर उनके मित्र त्रिलोचन शास्त्री न पहुँच गये होते तो ख़त्म ही समझिए! एम.ए. की परीक्षा के दिन थे!

किताबें उन्होंने काफ़ी जुटा रखी थीं! हज़म नहीं होती थीं इसलिए शहद ख़रीदकर ले आये थे! एक रात कुछ शहद चाटकर ज्यों ही वे कुर्सी पर बैठे कि झुण्ड की झुण्ड किताबें अलमारी से निकलकर उन पर टूट पड़ीं! न तो हटाने की ताक़त और न चिल्लाने की! ग़नीमत समझिए, इसी बीच आ गये त्रिलोचन शास्त्री! किताबें उठा ले गये! घाटा तो कुछ का ज़रूर हुआ; लेकिन यह सोचकर सन्तोष किया कि लाखों की जान बच गयी!

एक बार तो उनके एक दोस्त ने बहुत पहले ही मार डाला था! दोस्त ने साहित्य सम्मेलन की विशारद परीक्षा नयी-नयी पास की थी और किसी के नाम के साथ स्वर्गीय जुड़ा देख रखा था! एक दिन इनके साथ भी 'आदरणीय' की जगह स्वर्गीय का प्रयोग कर पत्र लिख भेजा! तब से ये धरती को ही स्वर्ग समझने लगे थे।

मरने पर तो दुश्मन की भी शिकायत नहीं की जाती फिर वे तो मेरे दिलो दोस्त थे। लेकिन ख़ामियाँ तो उनमें थीं ही। अब एक ख़ामी तो यही थी कि उन्हें दूसरों पर हँसने की एक बुरी लत पड़ गयी थी! जब कोई न मिलता तो अपने ही पर हँसते! हाँ ढंग कुछ ऐसा था कि लोगों को भ्रम हो जाता था कि उनके साथ हँसें या उन पर हँसें! एकवचन शरीर में बहुवचन दिल वाला आदमी वह एक ही था! फिर भी वे डालडा या मक्खन नहीं खाते थे। कहते थे कि इससे जीभ मुलायम हो जाती है! उनकी कुछ अपनी सनक थी! दोस्तों ने कपड़े की तंगी में कई बार सुझाया कि पायजामा पहना करो लेकिन उन्होंने धोती से नीचे उतरने का नाम ही नहीं लिया। कहते थे उससे वे आदमी की जगह पायजामा हो जायेंगे!

यों तो ज़िन्दगी में बहुत-सी कलाएँ सीखनी बाक़ी थीं लेकिन जिनके लिए उन्होंने कई बार कोशिश की उनमें से एक है साइकिल की सवारी और दूसरा ताश खेलना! हुआ दोनों में उल्टा! बजाय इसके कि साइकिल पर वे सवारी करते, साइकिल उन्हीं पर सवारी करने लगती और बजाय इसके कि ये ताश खेलते ताश इन्हें ही खेलने लगता!

इनके सबसे अच्छे आलोचक थे स्वयं इनके पिताजी! बहुत पहले ही उन्होंने निराश होकर कह दिया था कि लड़का तो कवि निकल गया! क्योंकि उनकी आशा के विरुद्ध वे हिन्दुस्तानी मिडिल परीक्षा में एक बार फेल हो गये!

लोग कहते थे कि ऐसा कविता के ही कारण हुआ और वे इस गौरव पर चुप रहते! पिता और अनेक अध्यापकों का कहना था कि वे कवि न हुए होते तो सुयोग्य विद्यार्थी होते और उनके कवि मित्रों की राय थी कि वे विद्यार्थी न होते तो अच्छे कवि होते और उनका अपना ख़याल था कि वे दोनों ही न होते तो अच्छे आदमी होते—कम-से-कम काम के आदमी तो होते ही!

उन्हें नियमित जीवन से सख़्त नफ़रत थी! इसीलिए अक्सर उनकी ज़िन्दगी की घड़ी रुक-रुककर चलती थी। दोस्तों ने कई बार चाहा कि वह 'आल इंडिया रेडियो' से मिल जाय लेकिन वे यह कहकर टालते रहे कि ज़माने से मिल चुकी है! ऐसे अनियमित स्वभाव वाले आदमी की पढ़ाई इंटर तक एक ऐसे कॉलेज में हुई जिसकी चहारदीवारियों को देखकर मालूम होता है कि कोई 'रिफार्मेटरी स्कूल' है! वहाँ एक बहुत बड़ी घड़ी थी! सभी विद्यार्थियों की तरह उन्हें भी उसी घड़ी की सूई में बाँधकर लटका दिया गया! छह बरस तक उनके जीवन का क्रम उसी घड़ी की सूई के साथ चलता रहा! उतने बरसों तक उन्होंने अपने दिल के धड़कन की जगह घण्टे की ही आवाज़ सुनी!

न तो वे उपदेश ग्रहण करना पसन्द करते थे और न दवा! और उस स्कूल में वक्तन-फ-वक्तन यही दिये जाते थे! एक बार डॉक्टर ज़बर्दस्ती उनके मुँह में एक गोली डाल रहा था कि उन्हें खाँसी आ गयी और वह गोली उनके मुँह से निकलकर डॉक्टर के मुँह में चली गयी क्योंकि डॉक्टर हर समय मुँह बाये रहता था! इससे इतना तो ज़रूर हुआ कि न तो किसी ने कभी उन्हें उपदेश देने का साहस किया और न दवा!

उनमें एक और भी अजीब बात थी! अक्सर जिस रास्ते से चलते थे, थोड़ी ही दूर तक उस पर चलकर दूसरा रास्ता अपना लेते थे। अब यही देखिए कि कविता के रास्ते पर भले-चंगे चल रहे थे लेकिन न जाने कैसे निबन्ध और आलोचना के रास्ते भटक गये! शम्भूनाथ जी का कहना था कि असफल कवि आलोचक बन बैठा और स्वयं वे इस आशा में आलोचना का पीछा किये जा रहे थे कि सम्भव है असफ़ल आलोचक फिर कवि बन जाय! यों शम्भूनाथ जी को इस पर भी आश्चर्य था कि बिना प्रेम-व्रेम के यह शख़्स कविता भी कैसे लिखता रहा! स्वयं उन्हें भी आश्चर्य था!

उन्होंने कविता भरसक नहीं छोड़ी! देखा कि जो वे देखते हैं उसे कहते नहीं; जो कहते हैं उसे स्वयं समझते नहीं; जो समझते हैं, उसे समझा पाते नहीं—फिर भी ऐसी ही चीज़ों को उनके मित्र कविता कहते हैं! इधर तो ऐसी हालत हो गयी थी कि वे कविता लिखते तो कभी-कभी ज़रूर बैठते लेकिन घंटे भर बाद देखते थे कि न जाने किस जादू के फेर से वह निबन्ध हो जाता था!

अभी तक उनकी कोई पुस्तक न छपी थी, यद्यपि उम्र इतनी हो चुकी थी कि दो-चार छप जानी चाहिए थीं! लेकिन उनका विश्वास था कि यह तो बिहार जाने पर ही सम्भव होता! अक्सर लोग पूछते, "कहिए, आपकी कोई पुस्तक छपी है?"

बेचारे रोब ग़ालिब करने के लिए वही कहते जो सब कहते हैं कि "तैयार तो चार-पाँच हैं और प्रकाशक भी कई माँग चुके लेकिन विश्वास अभी किसी पर जम नहीं रहा है और अभी कोई जल्दी भी नहीं है! मुझे छपास का रोग नहीं।"

लोग मुँह पर उनकी निःस्पृहता की प्रशंसा कर चले जाते हैं! भीतर-भीतर दोनों ही समझते हैं कि गाड़ी कहाँ अटकी है!

जब उनकी सभी पुस्तकें अप्रकाशित ही हैं तो काफ़ी नाम गिनाये जा सकते हैं, क्योंकि चुनौती कौन दे सकता है। लेकिन अफ़सोस, उन्हें नाम रखने की भी तमीज़ नहीं! ऐसा होता तो वे बिना किसी उपनाम के ही न मर गये होते! हाँ, मरते समय उन्हें सबसे बड़ी प्रसन्नता इसी बात की थी कि उन्होंने ऐसा कुछ नहीं छपाया जिससे इतिहास में नाम लिया जा सके! वे नहीं चाहते थे कि उनके नाम के रखने या न रखने के प्रश्न को लेकर कोई विवाद उठे अथवा कोई विद्यार्थी यह कहे कि याद करने के लिए किसी साले का एक नाम और आया! उनका विश्वास था कि अगर हर समय उन्हें पुस्तकें मिलती गयी होतीं तो वे शायद कुछ भी न लिखना चाहते! उनकी सारी ज़िन्दगी एक खुली हुई किताब थी जिसे पढ़ा तो किसी ने नहीं लेकिन कुछ-न-कुछ बहुतों ने लिखा! हाँ, पन्ना फाड़ने वालों की भी कमी न थी!

सुना है, उनके कुछ सम्पादक मित्र मिलकर उनकी मौत पर एक विशेषांक निकाल रहे हैं! अच्छा है, यह लेख भी उसमें दे देना! मेरी ओर से इतना ही सही।

तुम्हारा

× × × × × ×

अपिच

प्रिय रा...,

खेद के साथ कहना पड़ता है कि नामवर सिंह आज जी उठे। कह रहे थे कि जब धरती पर मेरी प्रशंसा होने लगी तो स्वर्ग में न रहा गया और सोचा कि धरती अब रहने लायक हो गयी है। आगे उन्होंने कहा, "यह हिन्दी है! एक अनुभवी कहानीकार के अनुसार यहाँ मरने पर ही कुछ लिखा जाता है। लेकिन इसका मतलब यह नहीं है कि इस आशा में सभी लोग आत्महत्या कर लें। तब तो कोई लिखने वाला ही न रह जायेगा! एक साथ न मरकर बारी-बारी से मरना ज़्यादे फ़ायदेमन्द रहेगा!"

टिप्पणी–

ये सभी बातें झूठी मालूम होती हैं! सच तो यह है कि किसी न किसी बहाने स्वयं उनको अपने बारे में लिखकर बताना था क्योंकि कोई उन पर लिख नहीं रहा था! पर उन्हें यह समझना चाहिए कि यह चालाकी औरों को भी आती है और वे इसका उपयोग किये बिना न रहेंगे। बात यह है कि वे मरकर न लिखते तो क्या करते! अपने बारे में इस तरह लिखकर न तो कोई जीवित रह सकता है और न कोई जीवित आदमी इस तरह लिख ही सकता है! इस तरह उन्हें मृत ही समझना चाहिए!

हमहुँ कहब अब ठकुर सोहाती

सब कुछ तैयार था—बिल्कुल तैयार लेकिन अभी देवता का अवतार नहीं हुआ था। अच्छा-खासा पण्डाल, गोया आसमान के नीचे एक दूसरा आसमान—सितारों के मानिन्द बल्ब और इन्द्रधनुष की तरह तोरण बन्दनवार; पण्डाल के एक सिरे पर आदमकद मंच, मंच पर गद्दा, गद्दे पर एक ओर माइक, कुछ 'हिज़ मास्टर्स वायस' के रिकॉर्ड, बीच में विपुलकाय मसनद और दूसरी ओर कुछ-कुछ ऐसी ही मसनद परन्तु लेटी नहीं बल्कि बैठी। मुझे बाद में पता चला कि ये तो नगर के सुप्रसिद्ध दानवीर सेठ—झाऊमल मोटरिया हैं। सिर से पैर तक सफ़ेद खादी, मालूम होता था सेठ जी खद्दरपोश पैदा ही हुए हैं जैसे कवच के साथ कर्ण। दूर से देखने पर तो वे निर्कुल खद्दर की गठरी ही मालूम हो रहे थे! समझ में नहीं आ रहा था कि खद्दर की उस गठरी के ऊपर एक बित्ता जगह छोड़कर एक वकुला कैसे टँगा है? बाद में मेरे एक पड़ोसी मित्र ने भूल सुधार करते हुए बताया कि बीच में जो एक बित्ता खाली जगह मालूम पड़ रही है वह सेठ जी का 'पक्का बान' का चेहरा है! इतना बताने पर उस बित्ते भर के वकुले की भी असलियत मालूम हो गयी!

मंच पर ऐसे ही कुछ और लोग भी थे। गोया इस आयोजन के लिए श्याम से पकड़कर ख़ासतौर से सफ़ेद हाथी ले आये गये हों। समझ में नहीं आ रहा था कि जब सब लोग अपना-अपना आसन ले रहे हैं तो नीचे दरी पर बैठने वाले अभी कहाँ हैं? नीचे ज़मीन पर भी काफ़ी संख्या दिखायी पड़ती अगर घासों को दरी के द्वारा छिपा न दिया गया होता! पूरे पण्डाल में दो ही चीज़ें अधिक फड़क रही थीं एक तो बन्दनवार की झण्डियाँ और

दूसरे संयोजक जी! हाँ, संयोजक जी का ओठ भी परन्तु कह सकना कठिन है कि उनकी फ़ुर्ती उनके ओठ से कम थी या वेश? माइक पर रह-रहकर वे बोल उठते थे—"देवियो और सज्जनो! आप लोग शान्तिपूर्वक बैठे रहें! शोर न हो! आयोजन शीघ्र शुरू होगा!"

वे जितनी बार यह घोषणा करते थे उतनी ही बार तीन बातें एक साथ होती थीं! सबसे पहले सज्जनों की दृष्टि पण्डाल के कोनों पर जाती थी कि देवियाँ कहाँ और कितनी हैं परन्तु शीघ्र ही अपने बीच निराश होकर लौट आती थीं और एक-दूसरे को शंका से देखने लगती थीं कि किसका चेहरा ऐसा है जिसके कारण संयोजक महोदय को बार-बार भ्रम हो रहा है। इसके बाद बन्दनवार की झांडियाँ चौंककर दूरी की ओर देखने लगती थीं कि आख़िर यहाँ कौन जिह्वालु प्राणी है जिसे शोर न करने को कहा जा रहा है? अन्त में वे भी निराश होकर अपने ही बीच एक-दूसरे की ओर देखकर फड़फड़ाना बन्द कर देतीं!

तीसरी घटना यह होती कि स्वयं संयोजक जी के चेहरे पर प्रसाद जी की यह पंक्ति एक घड़े पानी की तरह ढरक जाती—

आती है शून्य क्षितिज से
क्यों लौट प्रतिध्वनि मेरी!

परन्तु अन्त में इस घोषणा का प्रभाव इस रूप में प्रकट हुआ कि बाहर के लोग कौतुकवश भीतर आने लगे कि इतनी भीड़ किसलिए एकत्र है! भीतर आने पर तो लोग पकड़ जाते थे—बैठा भी दिये जाते थे ताकि जल्दी जाने न पावें!

लोगों के मनोरंजन के लिए इधर 'रिकॉर्ड' भी चलते रहे—रंगीन तानों से हवा रँग उठती थी और इस रंगीनी के बाद बीच में 'रामधुन' और 'सुनो सुनो ऐ दुनिया वालो बापू की यह अमर कहानी' अथवा 'गण मन अधिनायक' भी जैसे 'बिहारी रत्नाकर' में दस-दस शृंगारिक दोहों के बाद ग्यारहवाँ दोहा भक्तिपरक या नीतिपरक!

इसी बीच आये माननीय नेताजी! ओंठ पर मुस्कान श्यामपट पर खड़िया की लकीर की तरह! बिना बादल के ही बिजली कौंध उठी!

जब चमककर चली गयी तो पता चला कि यह और कुछ नहीं केवल नेताजी की दिव्य प्रभा कैमरे में अवतार ले रही थी! ऐसी ज्योति! आँखें चौंधिया गयीं लोगों की!

'माइक' के पास एक सज्जन खड़े थे। उनके हाथ में शीशामढ़ी कोई चीज़ थी! होंठ भी हिल रहे थे! परन्तु पाँच मिनट तक लोग छड़ी समझ रहे थे कि अभी 'हिज़ मास्टर्स वायस' का रिकॉर्ड ही बोल रहा है! शायद यह भ्रम आख़िर तक रहता अगर बीच-बीच में यह भी सुनायी पड़ता कि हम 'अभिनन्दन करते हैं!'

अभिनन्दन पत्र पढ़ा जा रहा था, इधर मेरे एक मराठी मित्र काग़ज़ पेंसिल लेकर बैठ गये सुन्दर-सुन्दर दुर्लभ विशेषण नोट करने! वे नये-नये हिन्दी प्रेमी थे—भाषा पर मुग्ध थे! मैंने सुझाव दिया कि व्यर्थ परिश्रम मत कीजिए उसकी प्रतियाँ अभी वितरित होंगी! मेरे मित्र को किसी ने बता दिया था कि अच्छी हिन्दी का अभ्यास करना हो तो 'अभिनन्दन पत्रों' का संग्रह कीजिए! वे राष्ट्रभाषा का भव्य रूप देखकर फूल रहे थे—मैं संकुचित हो रहा था! अत्यन्त नम्रता के साथ नेताजी ने वह अभिनन्दन स्वीकार किया! उस पर और लोग भी बोले! जब वे लोग बोल रहे थे तो मेरे पास के एक सज्जन अपना जूता तलाशने लगे! मैंने कहा—"क्यों घबड़ाते हैं? चोरी नहीं जायेगा!"

बोले—"इसकी चिन्ता नहीं है! देख रहा हूँ कि चलते-चलते उसका तल्ला ज़्यादे घिस गया है या इन अभिनन्दकों की जीभ!" समझाना पड़ा—"क्या कीजिएगा? घिस जाने पर तो यह बेचारा आगे न चलेगा लेकिन उनकी जीभ तो जितनी ही घिसती जायेगी उतनी ही तेज़ चलेगी!"

उधर 'माखन-सी जीभ मुख कंज-सी कोमलता में', ख़ूब चलती रही! 'काठ-सी कठेठी बात' निकलने की सम्भावना कहाँ रहती! वह तो नीचे उन ग़रीबों के मुख से निकल रही थी जिनकी जीभ भूख-प्यास से सूख गयी थी!

बीच-बीच में भाषणों पर करतल ध्वनि भी होती रही और उसमें अगुआ रहते सेठ झाऊमल मोटरिया! परन्तु उनका ताली बजाना देखकर ऐसा लगता था जैसे हाथ मल रहे हों! नेता जी के अभिनन्दन में डालडा के कई डब्बे माइक पर खुले! लोग अघा गये! यद्यपि तुलसी बाबा कह गये हैं कि

'पेट न फूलत बिनु कहें कहत न लागइ ढेर' परन्तु एक ओर तो सेठ जी का पेट काफ़ी फूला हुआ दिखायी पड़ रहा था और दूसरी ओर दरी पर बहुत से लोग ढेर हो रहे थे! मैं तो यही समझ रहा था कि लोग आत्मविभोर हो रहे हैं परन्तु एकाध जन नाक बजा-बजाकर मामला किरकिरा कर दे रहे थे! यह देखकर पास ही कहीं से आवाज़ आयी—"गाल बजाने का मुक़ाबला नाक बजाकर ही किया जा सकता है। लोग कर रहे हैं!" इधर सेठ जी की हालत—'पुनि-पुनि मुनि उकसहिं अकुलाहिं' की तरह अन्त में सेठ जी उठे एक थैली लेकर! पहले एक गड़गड़ाहट हुई। लोग ऊपर आसमान की ओर देखने लगे! परन्तु जब कुछ सार्थक शब्द निकलने लगे तब लोगों ने समझा कि यह गोश्त के पहाड़ मोटरिया जी बोल रहे हैं! लेकिन जितना चौड़ा उनका मुँह खुला था, लगभग उतना ही चौड़ा उस थैली का भी! मेरे पास के एक भाई बहुत देर बाद पूछ उठे—"आख़िर ये बातें उस थैली से निकल रही हैं या उस आदमी से?"

मैं क्या जवाब देता—उन दोनों की आवाज़ में कुछ फ़र्क़ होता तब न? दरी पर के लोग इस बीच बहुत कुछ भुनभुनाते रहे परन्तु सेठ जी की थैली से एक-एक धवल शब्द निकल-निकलकर नेता जी के कान में इस तरह जा बैठते थे कि वे कुछ न सुन सकें! अन्त में लोगों ने सुना और देखा भी कि ईमानदारी के साथ नेता जी ने कान में घुसे हुए उन तमाम सिक्कों को ज्यों-का-त्यों मुँह से निकाल दिया! लोग लूट के निहाल हो गये! लेकिन बहुतों के कान बहरे हो गये! अख़बार वाले उसे अपना धन समझकर बटोर रहे थे! दूसरे दिन लोगों ने सेठ जी के अख़बार में देखा कि सेठ जी ने सबसे अच्छा भाषण दिया!

समारोह समाप्त हुए कई दिन हो चुके थे! यों ही घूमता-फिरता एक शाम संकटमोचन जी की ओर जा पहुँचा! मंगल की शाम! अच्छा जमावड़ा था! भक्त मण्डली के बीच देखा तो झुण्ड में माला उठाये स्वयं ऐरावत की तरह सेठ जी भीड़ में धँसे जा रहे हैं! इधर-उधर भक्त मण्डली में कानाफूसी हो रही थी—"देखा, इतने बड़े आदमी होकर भी भक्ति से बाज नहीं आते! शायद ही कोई मंगल और शनि इनसे छूटता हो!"

दूसरे ने कहा—"माला नहीं देखते! पाँच रुपये से कम की न होगी!"

तीसरे ने कहा—"पाँच नहीं—सवा पाँच! ख़रीदते समय मैं भी वहीं था! माली से दाम पूछा। माली ने बताया पाँच। सेठ जी ने कहा लेकिन मुझे तो सवा पाँच की चढ़ानी है! माली ने चट कहा, है तो सेठ जी सवा पाँच की ही। वह तो आपकी ख़ातिर चार आना कम करके बताया! फिर तो भाई सेठ जी सवा पाँच फेंक के चले आये!"

पहले ने कहा—"तभी न महावीर जी ने इन्हें इतना धन दिया है!"

दूसरे ने आँख फाड़कर कहा—"धन! धन की बात क्या करता है रे! लक्ष्मी माई तो अपने आप गोड़ तोड़ के बैठ गयी हैं सेठ जी के घर!"

तीसरे ने कहा—"भाई, देवता की प्रार्थना वृथा नहीं जाती! जब आदमी अपनी सेवा से प्रसन्न होकर क्या से क्या बना देता है तो देवता की क्या बात!"

इन बातों को छोड़कर मन्दिर की ओर गया तो देखा सेठ जी की माला हनुमान जी के सबसे उत्तम अंग पर विराजमान होकर लोट रही थी! महन्त जी माला से अधिक कृतज्ञता के भार से झुके पड़ते थे और स्वयं देवता?

परन्तु सेठ जी झुकने की अपेक्षा उसे धारण कर और उतान हो उठे थे!

कई दिन बाद सेठ जी के ही अख़बार में देखा कि वे एक नया अख़बार निकालने जा रहे हैं दूसरे शहर से! मेरे एक मित्र एम.ए. करके बेकार पड़े थे। ख़बर पढ़कर बोले—"चलो, ज़रा सेठ जी अथवा उनके प्राइवेट सेक्रेटरी से मिलते आयें! शायद कोई जगह हो तो मिल जाय!"

इच्छा के प्रतिकूल भी जाना ही पड़ा! कोठी पर पहुँचकर देखा कि सेठ जी अकेले नहीं हैं बल्कि कई अनुभवी सम्पादकों, पत्रकारों तथा दो-एक साहित्यकारों से घिरे हैं! हमने एक कोना लिया और उनसे लिपटी हुई इतनी पर्तों के ऊपर अपनी भी एक पर्त चढ़ा दी! चर्चा वैसी ही चल रही थी, इसलिए अपनी ओर से कुछ नया नहीं जोड़ना था—केवल सुनना शेष का।

सेठ जी बोल रहे थे—"भाई, अख़बारों में आजकल विध्वंसात्मक आलोचनाएँ बहुत होती हैं। कई पार्टियों के नेता तो आजकल यही पेशा बना बैठे हैं! हम भी आलोचना करना चाहते हैं सरकार की—अपनी भी लेकिन हम रचनात्मक आलोचना के पक्षपाती हैं!" सेठ जी ने अपनी आँखें दत्तक सम्पादक जी पर डालीं। उन्होंने झट सिर हिलाया गोया वह सेठ जी की

पुतली की डोर से बँधा है! मुझे पहले ऐसा मालूम हुआ कि यह सेठ जी की बगल का रेडियो तो नहीं बोल रहा है! परन्तु समय साढ़े ग्यारह का था! एक युवक पत्रकार ने पूछा—"सेठ जी! यह 'रचनात्मक आलोचना' क्या चीज़ है? इसका एकाध नमूना मिल जाता तो हम लोग भी उसका अनुकरण करते!"

सेठ जी से पहले उनके पूर्व स्थापित पत्र के सम्पादक बोले—"यही कि उसमें कोई बात विरोध में न कही जाय! यदि एकाध बात ऐसी कह भी दी जाय तो उसके साथ दस बातें प्रशंसा में भी कही जायें! अगर उस अग्रलेख में ऐसा न हो सका तो दूसरे दिन क्षमा माँगते हुए सारा अग्रलेख उसके प्रत्याख्यान में लिखा जाये! जैसे हमारा इधर का अग्रलेख देखिए! अन्त में सब कुछ लिखकर यह ज़रूर लिखिए कि हमारा किसी से विरोध नहीं है! यही सब और क्या?"

अब बारी थी सेठ जी के सिर हिलाने की! परन्तु सिर हिलाते-हिलाते सेठ जी की जीभ भी हिल गयी—बहुत ठीक कहते हैं सम्पादक जी! बिना विध्वंस के भी तो रचना हो सकती है!

आये काफ़ी देर हो गयी थी! कुछ कहकर अपनी ओर भी सेठ जी को आकृष्ट करना ही था। मित्र बोले—"होती ही है! अपनी ही मिल में मजूरों के घरों की जो मरम्मत हुई, उसी की तरह। गिरती हुई दीवारों को छोप छाप के बिना गिराये ही ठीक कर दिया गया! भले ही वह बरसात न सह सकें! नयी-सी तो लगती हैं।" मैंने धीरे से पूछा—यह क्यों नहीं कहा—'खँडहर पर निर्माण सदा खँडहर होता!' सेठ जी कुछ सचेत से हो गये इस विदेशी स्तर पर और तुरन्त सम्पादक जी ने इसको टालते हुए कहा—"यह तो दूसरी बात हुई! हाँ सेठ जी! आप अपनी वह मूल बात चलाइए!"

सेठ जी बोले—"हाँ तो, मैं कह रहा था कि यह धर्मयुग आ रहा है! हमें इसका अभिनन्दन करना है!"

इतना सुनना था कि आगे की बात लोक ली दत्तक सम्पादक जी ने। बोले—"और अगर धृष्टता न हो तो...पहले आप जैसे धर्मधुरीण का ही अभिनन्दन हो जाना चाहिए! आज कल तो बहुतों का हो रहा है!" दूसरे पत्र के सम्पादक जी हाथ मलकर रह गये कि इतनी अच्छी बात मौक़े से मेरे मुख से क्यों नहीं निकली! लेकिन जिस तरह आलोचक को पुस्तक में

कोई ग़लती नहीं मिलती तो प्रूफ़ की अशुद्धि पर छोड़ते हैं इसी तरह वे मौक़ा निकालकर बोले—"मुझे इस अन्तिम वाक्य पर आपत्ति है! बहुतों का अभिनन्दन हो रहा है इसलिए सेठ जी का भी हो यह क्या बात! इसमें सेठ जी का अपमान है। सेठ जी का अभिनन्दन बहुत पहले ही होना चाहिए था! मैंने भी कई बार ऐसा सोचा था परन्तु देखा कि आप दूसरों का ही अभिनन्दन करना चाहते हैं! इसलिए चुप रहा! और यह भी सेठ जी से पूछने की चीज़ है! करना हो तो बिना पूछे आयोजन कर डालिए! जैसे हम लोग भीतर ही भीतर कर रहे हैं!"

पतंग से कटने पर पतंग जिस तरह आकाश में निराधार घूमती हुई नीचे चलती है और अनेक दूसरे बच्चे उसे लूटने दौड़ते हैं परन्तु स्वयं उसका मालिक पराजय का अनुभव करता हुआ केवल परेता घुमाता रह जाता है, उसी तरह दत्तक सम्पादक जी चुप हो गये अपनी कला की कच्चाई भाँपकर, और दूसरे पत्रकार उनकी कटी बात पर लपके! इधर मेरे मित्र कह रहे थे—they also serve who stands and wait. मित्र का कहना है कि चापलूसी केवल मुँह से ही नहीं शरीर के अन्य अंगों और कार्यों से होती है—कभी-कभी तो केवल टुकुर-टुकुर ताकने मात्र से भी होती है।

परन्तु सेठ जी ने हवा बदलते हुए कहा—"हैं जी मैं तो किस लायक हूँ जी! मैं तो नालायक हूँ जी! लेकिन आप लोग करना ही चाहते हैं जी तो बेकार पैसा कहाँ से पायेंगे जी! उसके लिए तो मेरे मुनीम जी ही तैयार रहेंगे जी!" इस बार सेठ जी का स्वर एकदम बदलकर 'जीजी' जैसा हो गया!

दत्तक सम्पादक जी फिर एक नयी योजना के साथ आये—"और न हो तो सेठ जी नये पत्र का पहला अंक इस 'अभिनन्दन' का विशेषांक हो!"

स्वयं सेठ जी यश से अधिक रुपया चाहते थे। भड़के। बोले—"इससे तो अख़बार की हवा बिगड़ जायेगी! करना ही हो तो कई अंकों के बाद!"

गोष्ठी समाप्त हो रही थी। दत्तक सम्पादक जी बोले—"तो, नये पत्र के लिए अपना सन्देश लिखा दीजिए न सेठ जी!"

सेठ जी कुछ असमंजस में पड़े। अब मेरे मित्र ने एक सुझाव रखा—"क्यों न इसका एक रिकॉर्ड तैयार करा लें सेठ जी! 'हिज़ मास्टर्स वायस' की तरह!"

सेठ जी ने उपस्थित सम्पादकों, सहसम्पादकों और संवाददाताओं की ओर इस तरह दृष्टि डाली जैसे वे लोग उनके रिकॉर्ड ही हों और उनकी वह दृष्टि पहचानकर वे लोग भी उस रेकॉर्ड पर चित्रित जन्तु की तरह 'ध्यानावस्थित तद्गतेन मनसा' चुपचाप बैठ गये! ताकि आगे 'शतमुख शतरव मुखरे!'

उस समय चले आये! मेरे मित्र को नौकरी न मिल सकी! निराश होकर बोले एक दिन—"हमहुँ कहब अब ठकुर सोहाती!"

मैंने कहा—'भाई चापलूसी तो उसी समय नंगी हो गयी जब उसका नाम 'ठकुरसोहाती' पड़ गया! तुम्हें तो यह कला आने की नहीं! कोई दूसरी जीभ लो! अथवा धीरज धरो जब हमीं तुम अपने ठाकुर होंगे!

मुझे कुछ अधिक नहीं कहना है!

मुझे आपसे कुछ अधिक नहीं कहना है। केवल एक छोटी-सी बात पाँच मिनट के भीतर समाप्त कर देनी है! बात और कोई नहीं, एक गोष्ठी का अनुभव! गोष्ठी भारतेन्दु जयन्ती सम्बन्धी थी। पहले वक्ता ज्योंही बोलने के लिए उठे, उन्होंने क्षमा माँगते हुए कहा, "मुझे अधिक नहीं कहना है! भारतेन्दु बाबू पर बहुत कुछ कहा जा चुका है, लिखा जा चुका है। मैं उन सभी बातों को दुहराना नहीं चाहता! केवल पाँच मिनट में मैं अपनी श्रद्धांजलि अर्पित करके बैठ जाऊँगा। ...इस तरह इसे भूमिका कहिए, या क्षमायाचना, या सफ़ाई या और कुछ; लेकिन उन्होंने यही सब कहने में दस मिनट से अधिक समय ले लिया और भाषण में भी वही सब कहा जो पहले कहा जा चुका है! अन्त में केवल आधा घण्टे के भीतर उन्होंने अपना वक्तव्य समाप्त किया इन शब्दों के साथ–"इन थोड़े शब्दों के साथ मैं भारतेन्दु बाबू के प्रति श्रद्धांजलि अर्पित करता हूँ। अब आपका अधिक समय न लूँगा!"

अगर आधे घण्टे तक उगले हुए लगभग दस हज़ार शब्दों को भी वे 'थोड़ा' कहते हैं तो उनका बहुत कितना होगा!

ख़ैर वे बैठे। दूसरे वक्ता आये! उन्होंने नान्दीपाठ, मंगलाचरण, पुण्याहवाचन, खाँस खूँस में अधिक नहीं केवल बारह मिनट समय लिया। तब आये वे विषय पर! शुरू किया–"मेरे पूर्व वक्ता सब कुछ कह चुके हैं! मैं उन बातों को दुहराकर आपका समय बरबाद न करूँगा–" वग़ैरह वग़ैरह। इन्होंने भी वादा किया कि पाँच मिनट में अपना वक्तव्य समाप्त कर देंगे लेकिन हाय रे पाँच मिनट! तू कितना बड़ा है कि कभी ख़तम होने का नाम ही नहीं लेता!

तीसरे सज्जन उठे और उन्होंने भी वही सब कहा केवल इस परिवर्द्धन के साथ कि समय बहुत अधिक हो गया है! कहना न होगा कि इन्होंने भी अपने वादे को तोड़ा।

चौथे सज्जन ने इस दोहे के साथ अपना वक्तव्य आरम्भ किया :

तत्त तत्त सब प्रथमेहिं कहिगा, दूजौ कहेसि अनूठी
बचा खुचा सो तीजौ कहिगा, और बात सब जूठी!

फिर आपने इस आत्मस्वीकृति के बाद उच्छिष्ट बिखेरने में भी बीस-पच्चीस मिनट समय ले ही लिया! अब खड़े हुए श्री सभापति महोदय। उन्होंने...इतना ही लिखा था कि बीच में एक महानुभाव आ धमके और अब जब इस लेख को फिर आगे बढ़ाने जा रहा हूँ तो पहली बात का सिलसिला तोड़कर इन्हीं की बात कह लूँ! अभी-अभी जो सज्जन गये हैं वे एक घण्टे पहले इन शब्दों के साथ कमरे में घुसे कि “मुझे कुछ अधिक नहीं कहना है...केवल पाँच मिनट आपका समय लूँगा।”

आये। बैठे! बोले—“क्या लिख रहे हैं? कोई पत्र? लेख? कहानी?” वे इसे उलटना ही चाहते थे कि मैंने रोक दिया! अब सोचता हूँ ग़लती हो गयी! काश उन्होंने इसका शीर्षक देख लिया होता और थोड़ा-सा अंश पढ़ भी लिया होता तो शायद झेंपकर शीघ्र चले जाते! लेकिन कौन जाने उस पर बहस ही करने लगते! अब उन्हें क्या कहना था, यह भूलकर वे इसी लेखन कार्य पर पिल पड़े। कहने लगे—“बड़ा अच्छा कर रहे हैं! इसी तरह लिखना चाहिए! साहित्य की ऐसी ही सेवा करनी चाहिए! बड़ा बुरा हुआ। मैंने बाधा पहुँचायी! लेकिन कोई बात नहीं! प्रतिभा सम्पन्न लोगों का इन क्षणिक बाधाओं से कुछ नहीं बिगड़ता!...”

वे और भी न जाने क्या-क्या बकते रहे और मैं सोच रहा था कि न जाने कहाँ से मैंने यह लेख शुरू किया जो ये सज्जन भी मेरे सिर आ पड़े! आगन्तुक महोदय शायद मेरे भावों की झलक पा गये। बोले—“ओह! आपका ध्यान शायद अभी लेख के विषय में ही उलझा हुआ है! क्षमा कीजिएगा मैं चला।” कहते-कहते वे उठ गये। मैंने सोचा जान बची तो लाखों पाये। लेकिन शिष्टतावश इतना कहना ही पड़ा—“नहीं; मैं आपकी

बातों की गम्भीरता में डूब रहा था। और इतनी जल्दी काहे की? आपका तो कोई स्वागत-सत्कार भी मैं नहीं कर सका...”

इतना सुनना था कि वे लौट पड़े और साथ ही हमारे प्राण भी जो कण्ठ से नीचे जा रहे थे। छूटते ही बोले—“अगर आपकी ऐसी ही इच्छा है तो सिर्फ़ खालिश पानी पिला दीजिए और हो सके तो पान मँगा दीजिए यही एक नशा है मुझे! क्षमा कीजिएगा! और देखिए, चाय-वाय के लिए कष्ट करने की ज़रूरत नहीं!”

साहित्य का विद्यार्थी हूँ। ध्वनि समझ गया; फिर भी समझना न चाहा। यह ‘नहीं’ ‘हाँ’ से चाहे कितनी ही भली क्यों न रही हो परन्तु मैं ऐसे उदार मित्र के कथन को अभिधा में ही लेना चाहता था! लेकिन नौकर को बुलाकर जब पान के लिए पैसा देने लगा तो वे बोल उठे—“चवन्नी दे रहे हैं? बेकार पैसा क्यों फिरेगा! कह दीजिए एक सिगरेट भी लेता आयेगा!”

जिस चाय से मैं डर रहा था उसे सिगरेट में बदलकर मित्र ने सारी कसर पूरी कर ली! मुझे पैसे का नहीं, समय का ख़याल था! सिगरेट पी-पीकर बात करने में उतना ही समय लगेगा जितना चाय पी-पी कर गपशप करने में! सिगरेट आया और उसके साथ उन्होंने मेरी आदतों तथा रुचियों के विषय में प्रश्न शुरू कर दिया और बीच-बीच में वे सिगरेट की प्रशंसा में सिनेमा के कुछ ख़ास फिकरे भी उड़ाते गये! उनका दावा था कि बिना किसी नशे के, वह छोटा ही क्यों न हो, साहित्य नहीं रचा जा सकता!

जब सिगरेट ख़तम हो चुका; पान जमाया गया। जब वह घुल गया तो मैंने पूछा, “आख़िर कैसे कष्ट किया आपने? यह तो अभी बताया ही नहीं!”

“कुछ नहीं। इधर आया था; सोचा, मिलता चलूँ। भेंट हुए बहुत दिन हो चुके थे! कुछ विशेष नहीं। बस कुशल-मंगल लेने आ गया था!...” वे कुछ और कहते शायद कि मैं कुर्सी से उठ गया!

जाते-जाते उन्होंने पूछा, “क्या बजता होगा पाँच मिनट से ज़्यादे हो गया होगा।”

मैंने कहा, “घड़ी नहीं रखता क्योंकि आप जैसे वक़्त के पाबन्द लोग आ जायेंगे तो सत्संग का दीर्घ सुअवसर न मिल सकेगा।” हें हें हें हें करते हुए वे बोले—“सब कृपा है आपकी। लेकिन बगल के किसी कमरे से घड़ी देखकर...”

थोड़ी देर में मैं लौटा और बड़ी मुश्किल से इतना कह सका—"उनकी घड़ी तेज चल रही है! आप जितने बजे आये, उसमें 5 मिनट जोड़ लीजिए। मैं तो यही समझता हूँ!" वे हँसते हुए चले गये और अब आकर मुझे लेख पूरा करना पड़ रहा है!

हाँ तो सभापति महोदय भी उठे! उन्होंने शुरू किया—"विषय ही ऐसा था कि समय कम था 'तदपि कहे बिनु रहा न कोई।' फिर भी विश्वास मानिये मैं और लोगों की तरह पाँच मिनट का समय न माँग कर आपसे केवल दो ही मिनट का समय माँगूँगा। इसे ठीक समझिए!..."

इसके बाद लोगों ने देखा कि वह दो मिनट रबड़ का साबित हुआ! जो सज्जन धन्यवाद देने उठे। उन्हें भी यही रोग लगा। लेकिन तब तक धीरज का भी धीरज भाग चुका था और श्रोता मण्डली धन्यवाद से अधिक अच्छा अवकाश को समझ रही थी! शायद ऐसी ही सभाओं से त्रस्त होकर गुरुदेव ने शान्ति निकेतन के घण्टे की व्याख्या इस प्रकार की थी। सभा के लिए चार घण्टा बजता है और ख़तरा के लिए पाँच घण्टा। इसका यही अर्थ है कि जब सभा की कार्यवाही एक घण्टा से अधिक होने लगती है तो ख़तरा शुरू हो जाता है।

स्वयं मुझे भी खेद है कि मैंने शुरू में ही वादा किया था कि मुझे कुछ अधिक नहीं कहना है, केवल पाँच मिनट में ही अपनी बात कह डालनी है! शायद लिखने में इससे अधिक समय मेरा भले लग गया हो परन्तु पढ़ने में आपका पाँच मिनट से अधिक समय शायद ही लगे! मैंने इसे जल्दी ही समाप्त कर दिया होता परन्तु एक आगन्तुक ने आकर व्यर्थ ही इसमें अपना कारनामा लिखा डाला! क्या कीजिए! समय ऐसी चीज़ है कि ख़र्च करते समय पता नहीं चलता कि आदमी उसके रूप में स्वयं अपने को ख़र्च कर रहा है!

ज़िन्दगी घड़ी के अनुसार नहीं चलती है,
घड़ी ज़िन्दगी के अनुसार चलती है।

मुझे तो पहचानते ही होंगे?

उस दिन बैठा-बैठा 'डेल कार्नेजी' की 'मित्रों को कैसे जीतें और लोगों को प्रभावित कैसे करें' पुस्तक उलट रहा था! व्यावहारिकता पोथियों से भी सीखी जा सकती है, इसमें मेरा विश्वास नहीं, लेकिन उतनी रोचक पुस्तक पढ़ लेने में क्या हर्ज़ है! पढ़ ही रहा था कि दरवाज़े पर किसी ने दस्तक लगायी! उठकर खोला! मुस्कान की पुड़िया में चुटकी भर सानुनासिक प्रणाम देते हुए एक महानुभाव आ धमके! आते ही उन्होंने मुझसे पहला प्रश्न बहुत विश्वास के साथ किया—"मुझे तो आप पहचानते ही होंगे?" मैं तो चकरा गया! उनको मैंने कहीं—अपने किसी मित्र के पास ज़रूर देखा था और वह भी शायद एक ही बार! लेकिन वह परिचय-सूत्र भी वैसा ही था जो एक मित्र मण्डली में साथ-साथ हँसने से तैयार हुआ मान लिया जाता है! हम लोग तो पहले की तरह अपनी हँसी के परिचित ठहाके लड़ा रहे थे और आगन्तुक महानुभाव भी अयाचित रूप से कभी थोड़ा मुँह फैला देते और कभी चौका खोल देते! लेकिन उस हँसी की जाति ही कुछ और थी! अन्त में चलते-चलते मेरे मित्र ने हम दोनों में से प्रत्येक के कान में एक-दूसरे का नाम रख दिया था जैसा कि परिचय कराते समय अक्सर होता है! और फिर जैसा कि अक्सर होता है, वह नाम जल्द मेरे एक कान से घुसकर बिना रुके दूसरे से सर्र से निकल गया! यह तो मेरा अनुभव है कि परिचय पाने वाले के विषय में जब तक पहले से कोई बात न मालूम हो, दूसरों द्वारा कराया गया परिचय बेकार होता है। इसे जानते सब हैं लेकिन गरजवश मानता कोई नहीं।

मालूम होता है, आगन्तुक महोदय ने उस हँसी को संक्रामक मान लिया था और शायद इसलिए उन्होंने परिचय के उस महीन धागे को तिगुन चौगुन

करके ख़ूब बट लिया था ताकि अगली बार सहज ही वह फन्दे के काम में लाया जा सके! आज वे उसी रस्सी के साथ यहाँ आये थे!

उनका इतना विराट विश्वास देखकर 'नहीं' कह सकना मुश्किल था! 'डेल कार्नेजी' की पुस्तक का प्रभाव अभी ताज़ा था! चाहिए तो यह था कि उनका विश्वास जीतने अथवा उन्हें प्रभावित करने के लिए उनका नाम लेकर पुकारता लेकिन लाचारी थी! एक बात से चूककर दूसरों से भी नहीं चूकना चाहता था। झट कहा–"क्यों नहीं! क्यों नहीं! भला आपको न पहचानूँगा आपको मैंने..."

आगे जोड़ते हुए वे बोले–"हाँ, हाँ इनके यहाँ, उनके यहाँ, चौक में, दशाश्वमेध पर, नागरी प्रचारिणी सभा में, दो-चार कवि-सम्मेलनों में–अनेक जगह देखा होगा!" इसके बाद वे मेरे कुछ गाढ़े मित्रों का नाम ले-लेकर प्रमाणपत्र सा उपस्थित करने लगे कि वे सभी लोग मुझे जानते हैं!

मित्रों का नाम लेकर उन्होंने मुझे आतंकित कर दिया। मैं भी उनके रोआब में आ गया! सोचा, थोड़ी देर का मामला है। घुलमिल कर बातचीत कर लेने में अपना क्या जाता है? फिर भी भेद खुलने का डर बना रहा! इसलिए एक आँख तो उनके हाथ वाली उस पत्रिका पर थी जिस पर उनका नाम पा लेने की सम्भावना थी; दूसरी उनके मुख की ओर थी ताकि कहीं वे यह न समझ लें कि मेरा ध्यान दूसरी जगह है। तीसरी न थी (क्योंकि मैं त्रिलोचन नहीं) अन्यथा उसे अधखुली पुस्तक पर रखता ताकि जल्दी में उस अधपढ़े वाक्य को समाप्त कर लेता!

मेरे दिमाग़ में इतनी बातें चल रही थीं और मित्र मेरा चेहरा देख रहे थे जिस पर भीतरी भावों की एक भी छाया शायद नहीं पड़ने पा रही थी! सोचता हूँ कि दिमाग़ की मशीन को खोपड़ी की डिब्बी के भीतर रखकर उस चतुर मिस्त्री ने बड़ा उपकार किया है अन्यथा एक ही दिन में सारी सृष्टि लड़ मरती! लेकिन अब मैं इस चक्कर में पड़ा कि आख़िर बातचीत का धागा आगे बढ़ाया जाय तो कैसे! कभी-कभी ऐसा हो जाता है कि कोई बातचीत का आधार न मिलने के कारण जब दोनों ओर से चुप्पी हो जाती है तो यह चुप्पी अनजाने रूप से इस चिन्ता के कारण भी बढ़ने लगती है कि आख़िर इतनी देर तक चुप रहने से अपर सज्जन बुरा तो न मानेंगे!

उस समय कोई प्रसंग अथवा विषय खोजने की जितनी ही चिन्ता रहती है, मन जितना ही दौड़ता है, विषय उतना ही दूर भागता जाता है और बहुत देर की असाधारण चुप्पी के बाद यदि कोई वाक्य निकलता है तो यही कि 'और कहिए!'

मैं भी इस चुप्पी का स्पष्ट अनुभव कर रहा था! इस विषय में हमारे एक मित्र का विचार है कि जब कोई बातचीत के दौरान में यह कह दे कि 'और कहो भाई!' तो समझ लेना चाहिए कि बातचीत का सारा कोष समाप्त हो चुका है और परस्पर विदा होने का अवसर आ गया है!

उस समय मेरे मुँह से भी यही निकला—"और कहिए!" कहने को तो मैं कह गया लेकिन साफ़ दिखायी पड़ा कि अभी तक तो उन्होंने कुछ कहा ही नहीं फिर 'और' कहने की आवश्यकता कहाँ से आ पड़ी! लेकिन तीर तो तरकस से निकल चुका था और आगन्तुक मित्र उस तीर को तरह देते हुए अलमारी में मेरी पुस्तकों पर सतृष्ण दृष्टि डालकर बोले—"बड़ा ही अच्छा संग्रह है आपका! कितनी बहुमूल्य पुस्तकें आपके पास हैं! सच है, यही तो किसी के व्यक्तित्व और चरित्र को बतलाती हैं! आपका जीवन धन्य है!"

वे कुछ और कहते लेकिन मैंने बीच ही में टोककर सत्य का उद्धरण करते हुए कहा—"उनमें से कुछ तो पुस्तकालय की हैं और कुछ मित्रों की! मेरी अपनी तो बहुत थोड़ी हैं!"

"इससे क्या हुआ! यह तो आपकी विनम्रता है! यही आपकी महानता है!" कहते-कहते वे अब आँखों की अपेक्षा हाथों से उन पुस्तकों को स्पर्श करने लगे जैसे नये-नये ख़रीदे हुए बैल को दर्शक लोग हाथों से छू-छूकर 'आसन' और 'बैठकी' देखते हैं! इधर, अपने पुस्तक संग्रह की प्रशंसा सुनकर कौन होगा जो फूल न उठे! मैं उठकर उन्हें एक-एक कर दिखाने लगा! लगभग आधे घण्टे तक यही सब चलता रहा! इसके बाद हम दोनों आकर मेज़ के पास बैठ गये!

अब मित्र ने अपनी चर्चा उठायी! अपने दो-तीन पुरखों का नाम लेते हुए उन्होंने कहा—"आपने उनका नाम तो सुना ही होगा! वे लोग अपने समय में काशी के विराट पण्डित थे! उन्हीं लोगों का पुस्तकालय मुझे विरासत में मिला है! मुझे भी पुस्तकों से बड़ा शौक़ है! मैं भी संग्रह में

विश्वास करता हूँ! उसे मैं विद्वानों की सेवा के लिए सदैव खुला रखता हूँ! आपके मित्रों में से अमुक शास्त्री, अमुक सिंह कई बार हमारे पुस्तक-संग्रह से लाभ उटा चुके हैं! आप भी आइए न कभी! ज़रूर आइए!"

ऐसा निमन्त्रण पाकर मैं गद्गद हो उठा!

"लेकिन खेद है कि उसमें आधुनिक साहित्य सम्बन्धी बहुत कम पुस्तकें हैं! मैं उनको संख्या बढ़ाने के चक्कर में हूँ! प्रयत्न भी काफ़ी किया है!" कहकर मित्र रुक गये और इस प्रसंग को चट मोड़ते हुए उन्होंने कहा—"ख़ैर छोड़िए इस बात को। मैं आप से अध्ययन सम्बन्धी कुछ सहायता चाहता हूँ! आप बड़े..." उन्होंने चुने हुए विशेषण व्यय किये बिना अव्यय के! फिर थोड़ी देर उनका प्रभाव मुझ पर पड़ने दिया और स्वयं चुप रहे! मुझे परिस्फीत देखकर बोले—"मत पूछिए साहब! हमारे हिन्दी साहित्यकारों की यही तो कमज़ोरी है कि वे दूसरों को आगे नहीं बढ़ाते! बहुतों का द्वार खटखटाकर आपके पास आया हूँ!"

इसके बाद वे काशी के दर्जनों साहित्यकारों की उल्टी-सीधी शिकायत करते रहे और अपनी प्रभावशालिनी आँखों की डोर के सहारे मेरा सिर अपने अनुकूल हिलवाते रहे! इधर मैं भी नहीं चाहता था कि दूसरों के सामने मेरी भी यही गति अथवा दुर्गति हो!

इस तरह लगभग एक घण्टे तक इधर-उधर की बातें कर चुकने पर अन्त में उठते हुए वे धीरे-से बोले, "मुझे आपसे कुछ कहना है!" मुझे जीवन गान की अनल्प भूमिका याद आयी! बात इतने संकोच और मन्द स्वर में कही गयी थी कि लगा—ये एकान्त चाहते हैं! मैंने अगल-बगल देखा तो कोई न था। कहा—"कहिए निस्संकोच कहिए! अकेला ही रहता हूँ! हाँ अगर आप मानते हों कि दीवारों के भी कान होते हैं तो कहिए बाहर चलें!"

"नहीं, नहीं इतने कष्ट की क्या ज़रूरत! बात यह है कि जब माँगने की आदत नहीं होती अथवा प्रतिष्ठा का सवाल रहता है तो इतना ध्यान रखना ही पड़ता है!..." कहते-कहते वे रुक गये जैसे गला भर आया हो! मुझे कहना पड़ा—"कहते जाइए, कहते जाइए! हम तो अपने हैं!"

वे गला साफ़ कर बोले—"दस रुपये आपके पास होंगे? दो-तीन छात्रों को अपने यहाँ रखकर पोषण करता हूँ! लेकिन इस समय हाथ खाली है।

स्वाभिमान इतना कि किसी से मुँह खोल नहीं सकता। कल ठीक सवा पाँच बजे रुपयों सहित हाज़िर होऊँगा!"

दूसरों के लिए इस कदर भीख माँगने वाले स्वाभिमानी को 'ना' कहना मेरे लिए असम्भव था! बक्स से रुपया निकालकर लौटा तो क्या देखता हूँ कि उनके हाथ में मेरी अलमारी की चार पुस्तकें भी हैं! चलते-चलते बोले—"और ये पुस्तकें हैं! हमारे यहाँ छात्रों को इसमें से कुछ बताना है! इनमें से दो तो कल उसी समय और बाकी दो पंचों दिन सवेरे पौने पाँच बजे! सबेरे तो आप उठ जाते होंगे तब तक! मुझे तो भाई, अभ्यास है! उस दिन एक काम से इधर आना है!" फिर जल्दी से रुपया पाकेट में और पुस्तक बगल में लिए वे निकल गये—मैं यह भी नहीं देख सका कि वे कौन-सी पुस्तकें थीं! सभी बातें ठीक गणना करके वे इस तरह बोल रहे थे कि अविश्वास करने की गुंजाइश ही न थी!

बाद में, दो-एक मित्रों से उनकी हुलिया बताकर उनके बारे में पूछा तो मालूम हुआ कि उनकी यही आदत है! वे इसी तरह बहुतों के आजीवन ऋणी हैं! आज तीन महीने बाद अचानक से ठठेरी गली घुसते हुए मिल गये! पहले तो खिसकने की कोशिश की उन्होंने। फिर आँख चुराते हुए एक दुकान की ओर बढ़कर मोल-भाव करने लगे। मैंने कन्धा पकड़कर पूछा—"कहिए मुझे तो पहचानते ही होंगे?"

वे सकपकाकर इस कदर देखने लगे जैसे मुझे कभी न देखा हो।

अपरिचित के साथ

नहीं जानता कि ग़ालिब ने किस ख़याल से ऐसी जगह रहने की ख़्वाहिश ज़ाहिर की थी जहाँ 'हम ज़ुबाँ कोई न हो और हम सखुन कोई न हो!' सभी चाहते हैं कि अपने दोस्तों और परिचितों के बीच रहें! वे शायर थे और वह भी ख़याल बलन्दी के शायर! उन तक पहुँच सकना मुश्किल है लेकिन आज टटोलते-टटोलते अपने भीतर भी एक ऐसी ही कमज़ोरी नज़र आयी! मुझे दोस्तों में रहना नापसन्द तो नहीं लेकिन अपरिचितों के बीच रहना बड़ा अच्छा मालूम पड़ता है! इसलिए नहीं कि अधिक परिचित हो जाने पर नाकों दम हो जाता है बल्कि इसलिए कि अपरिचितों के बीच जाकर एक नया-नया परिचय पाने में भी विशेष प्रकार का आनन्द मिलता है।

परिचितों में से कोई आया तो प्रायः वही बातें होंगी उससे जैसी पहले हो चुकी हैं! अगर अपने पुराने सहपाठी हैं तो अचानक स्कूल जीवन की कई बार कही-सुनी बात छेड़ देंगे : कभी इस आदमी का शाब्दिक कार्टून बनाना तो कभी उस आदमी का! यह ख़याल नहीं है कि पास ही जो दूसरा आदमी बैठा है उसे इन व्यक्तियों में रुचि है या नहीं! कभी पहले की बातों का सूत ही आगे बढ़ाया जाता है! परिचितों के बीच आपस में एक-दूसरे के प्रति विचार बन चुके होते हैं; एक-दूसरे के सामने कुछ नया खुलने को नहीं रह जाता और जब कुछ नया खुलने को नहीं रह जाता तो फिर उत्सुकता क्या और जब उत्सुकता नहीं तो आकर्षण क्या और अगर आकर्षण नहीं तो...

हटाइए भी इस 'अंगार' को। मैं कहना चाहता हूँ कि एक अपरिचित के सामने अपने को नये सिरे से धीरे-धीरे खोलने में जो आनन्द मिलता है वही आनन्द अपने मन में दूसरे अपरिचित के कमल को खुलते देखकर

भी होता है! जानना ही आनन्द नहीं है? जनाना भी आनन्द है! गाड़ियों में सफ़र के बीच अक्सर कुछ अपरिचित मन में परिचय की गाँठ छोड़ जाते हैं! इसीलिए जब मैं कहीं सफ़र करना चाहता हूँ तो बिल्कुल अकेले और डरता रहता हूँ कि गाड़ी में कहीं कोई मित्र न मिल जाय अन्यथा वे सारे अवकाश का मुँह अपनी सुपरिचित पुरानी बातों के बाणों से भर देंगे!

लेकिन इससे भी अच्छा तब होता है जब आपके बारे में बातचीत होती है और आप भी उसी मण्डली में हों परन्तु पहचानता आपको कोई न हो! नाम से आपको सब जानते हों परन्तु रूप से कोई नहीं! अगर आप लेखक हैं या कवि और आपकी कोई पुस्तक लेकर लोग पढ़-पढ़कर उसी पर विचार दे रहे हों तब तो क्या कहना! कोई ज़रूरी नहीं कि उस समय अपनी प्रशंसा ही अच्छी लगे; उस परिचित अपरिचय में अपनी निन्दा भी एक प्रकार का विलक्षण आनन्द देती है! यही क्या कम है कि लोग आपके विषय में बात तो करते हैं! रह-रहकर बीच-बीच में ऐसा जी हो जाता है कि अपने को खोल दें लेकिन मन कुछ और सुनना चाहता है! आनन्द उस समय और बढ़ जाता है जब अपने विषय में होने वाली प्रशंसा के विरुद्ध उस अपरिचित मण्डली में आप स्वयं अपनी आलोचना कर बैठें? अगर अधिक प्रशंसा सुननी हो तो यह कला अधिक सहायक होती है क्योंकि अक्सर एक पक्ष को सुनकर दूसरा पक्ष खड़ा हो जाता है चाहे वह तात्कालिक ही क्यों न हो! लेकिन यह तय है कि मनुष्य का अहं उसे अधिक देर तक किसी के साथ सहमत नहीं होने देता—अपनी स्वतन्त्र सत्ता के लिए आदमी हृदय से सहमत होते हुए भी बुद्धि के बाँस-सहारे एक नया पक्ष खड़ा कर देता है!

यह भी कोई बात है कि जब बाहर निकलें, अपनी ओर सैकड़ों जानी-पहचानी आँखें बन्दूक़ की नली की तरह लगी हों! कभी-कभी आदमी अकेला भी तो रहना चाहता है! अतीव सामाजिकता से ऊबकर अक्सर आदमी ऐसे स्थान पर चला जाना पसन्द करता है जहाँ वह बिल्कुल ही अपरिचित हो! राज़काज में व्यस्त नेता लोग अक्सर ऐसा कर बैठते हैं! कभी-कभी यह अपरिचय खलने भी लगता है परन्तु यदि आदमी मन का छोटा न हो तो किसी बड़ी सभा में मंचस्थ परिचितों से आँख बचाकर एक कोने चुपचाप बैठे रहना भी कम सुखद नहीं होता! इस क्रिया में और कोई

सुख यदि न भी हो तो इतना तो सुख अवश्य ही है कि जब ऊबने लगे तो उठकर चुपके से बाहर चले आये अन्यथा परिचित मण्डली में घण्टे पर घण्टे सिल की तरह छाती पर रखते चले जाते हैं लोग और बेचारा दिल सब कुछ सहता हुआ बैठता जाता है, बैठता जाता है!

अगर अपनी हालत अच्छी न हो—कपड़े गन्दे हों, दाढ़ी बढ़ी हो, बाल बिखरे हों तो इच्छा होती है कि काश हमारे आसपास सभी अपरिचित होते! उस समय किसी परिचित से मिलने अथवा बालू के कण की तरह किसी परिचित की आँखों में पड़ने की इच्छा नहीं होती! मेरे भाई चि. तंगदस्ती में बहुत दिनों तक अर्धनग्न अवस्था में परिचितों से दूर रहा करते थे और अँधेरा होने पर ही निकलते थे : बहुत हुआ तो गंगा किनारे टहलने निकल गये! कितनी दारुण कितनी करुण अवस्था होती है जब आदमी फूल की तरह परिचितों के वेष्ठन से बचकर गाढ़े अन्धकार में ही घुल जाना, खो जाना पसन्द करता है! जैसे दरिया का एक किनारा टूटकर जल में खो जाता है उसी प्रकार उस दिन उस नील अन्धकार में माटी की वह मूरत घुल रही थी! हाय रे मनुष्य! पानी में गिरने पर ढेला तो कुछ देर बुदबुदाता भी है परन्तु तू उसमें घुलता जा रहा है और एक शब्द भी नहीं निकालता।

मैंने उन्हें कुछ-कुछ पहचाना! दूर से ही पुकारा : वे ठिठके, ठमके फिर बिना कुछ कहे-सुने आगे बढ़ गये! आगे बढ़कर जब मैंने उनसे पूछा—"आप आजकल परिचितों से बहुत बच-बचकर क्यों रहते हैं? लोगों की शिकायत है, आप गोष्ठियों में भी नहीं जाते—लाख बुलाने पर भी!"

"क्या उनकी हँसी की साबुन से ये मेरे धूलि धूसर वस्त्र धुल जायेंगे? अथवा उनके उजले वस्त्रों की चमक से ये मेरे अधखुले अंग ढँक जायेंगे?" उनका उत्तर था। मैं सन्न रह गया! बहुत देर तक हम दोनों टहलते रहे। कोई न बोला। हाँ, बीच में उन्होंने एक बार केवल इतना ही कहा—'तुम्हारे ये उजले कपड़े मुझ छिपने वाले चोर के लिए दीये का काम कर रहे हैं—चले जाते तो अच्छा होता!' कहने को तो मैंने कह दिया कि 'अच्छा है, चिराग तले अँधेरे की ही तरह चलते रहिए' लेकिन यह तो उस व्यथा का उत्तर नहीं हुआ, उपहास ही हुआ!

कई दिनों बाद उनकी डायरी उलटते हुए ये पंक्तियाँ उसी तिथि में लिखी देखीं—

मैं तुम्हें फिर फिर पुकारूँ
तुम न बोलो!
धूलि धूसर रहूँ, ये दिन
तुम न तोलो!

समझ में नहीं आता कि क्या ग़ालिब ने इसी पीड़ा के मारे तो नहीं कहा था...

ऐसी दशा में क्या यह अच्छा नहीं कि अपरिचित ही ऐसे संसार में आये और अपरिचित ही चला जाये!

उधार पर चलने वालों के लिए भी अपरिचितों के बीच रहना बड़ा सुखद होता है! मेरे एक दूसरे मित्र हैं—नाम जानकर क्या कीजिएगा, मान लीजिए वे कमल जी हैं! एक दिन उनके यहाँ गया! बोले, ''चलो टहलने चलें और रास्ते में उधर ही चाय पी लेंगे!'' बाहर निकलकर जब मैं एक सड़क की ओर मुड़ा तो बोले—''उधर से नहीं, आज इधर चलो!'' चले! रेस्त्राँ में चाय पी, उधार ही। मैं जब पैसा देने लगा तो बोले ''रहने दो, इसके यहाँ मेरा हिसाब-किताब रहता है!''

टहलकर जब घर लौटने लगे तो बड़े ही उदास स्वर में वे बोले—"लो आज यह सड़क भी बन्द हुई!" मैं समझ नहीं सका। वे बोले—"आख़िरी सड़क यही थी। अब किसी दूसरे शहर में!"

पाठक, आप में से भी न जाने कितने ही मेरे अपरिचित हैं यानी बहुतों के लिए मैं अपरिचित हूँ!

निबन्ध लिखते हुए मुझे इसीलिए आनन्द हो रहा है कि न जाने किन-किन अदृश्य और अपरिचित दूर देशवासी हृदयों के लिए इसे मैं लिख रहा हूँ! आप एक विशाल जन समुद्र की तरह बाहर फैले हैं उसका कूल किनारा मुझसे अपरिचित है...परन्तु यह जन समुद्र मेरे भीतर भी तो हिलोरें ले रहा है, उफन रहा है, किलोल कर रहा है और ऐसे ही शत सहस्र निबन्ध कणिकाओं में मेरे भीतर से फूट पड़ना चाहता है! आपकी अपरिचित

अँगुलियाँ मुझे छू-छूकर जैसे कह रही हैं—"अब तुम आदमी नहीं—हमारी भाषा हो! हमारा संगीत हो! हमारी कविता हो!" यह प्रश्न नहीं है कि आप मेरे परिचित हैं या नहीं, मैं आपका परिचित हूँ या नहीं! आप कोई भी हों, मैं कोई भी हूँ; परन्तु हम हैं अवश्य चाहे जहाँ हों और क्या इतनी ही सी बात हमारे हृदय में तीव्र अनुभूति पैदा नहीं कर देती? आप खोजिए अपने भीतर शायद इस जन-सा कोई धड़कता हुआ हृदय वहाँ मिल जाय! और आह! अगर आप मेरे हृदय में धड़कते न होते तो यह लिखता ही कैसे!

अपरिचित, हम न जाने कब के परिचित हैं! इसे पढ़ा तो! पढ़ते ही उसी क्षण जाने कब के परिचित लगोगे! और यदि ऐसा न भी हुआ तो क्या अपरिचय में भी कम आनन्द है? दस मिनट एक अपरिचित के ही साथ सही!

सखुनतकिया

किसी की कमज़ोरी पर अँगुली रखना ठीक नहीं लेकिन लोग परेशान कर देते हैं तो क्या किया जाय! अभी-अभी एक सज्जन से बड़ी मुश्किल से जान बची है! क़रीब आधे घण्टे की बातचीत के सिलसिले में आपने कम-से-कम पचास बार तो कहा होगा—'समझे!' यही नहीं इसके साथ यह भी पूछते जाते थे कि क्या समझे? पता नहीं उनको मेरी समझ पर भरोसा नहीं था या अपनी समझाने की पद्धति में अविश्वास अथवा विषय की दुरूहता का अनुमान!

लेकिन इसमें समझने-समझाने की कौन-सी बात है जो वे कहते हैं—

"आपका शुभ स्थान? समझे क्या समझे?" मुझे कहना पड़ा—"मैंने यह समझा कि आप मेरा वास स्थान पूछ रहे हैं और मैं अमुक जगह रहता हूँ!"

"अच्छा तो आप वहाँ रहते हैं? मैं भी वहीं रह चुका हूँ कोई पाँच-छह साल पहले! समझे क्या समझे?"

ऐसे ही मामूली सवालों के साथ वे 'समझे क्या समझे' पूछते जा रहे थे; कभी-कभी यह पद प्रश्न न बनकर स्वगत सम्बोधन की ही तरह चलता था! तमाम बातचीत के दौरान में मेरा सारा ध्यान उनकी इस सखुनतकिया पर लगा रहा। वे जितना ही समझाते मैं उतना ही न समझता! ऊब इतनी हुई कि अन्त में यह कहकर उठ जाना चाहा—"मैंने यही समझा कि आप भारी मूर्ख हैं!"

परन्तु सौजन्य का तकाज़ा, मैं आध घण्टे तक पीड़ित होकर भी चुप रहा! तय है कि वे न तो ग्रीक लैटिन बोल रहे थे और न चीनी जापानी! हिन्दी ही तो थी! फिर भी समझाने-बुझाने में लगे रहे! लेकिन उनके चले

जाने के बाद जब ठण्डे दिल से उस पर सोचने की कोशिश कर रहा हूँ तो लगता है कि वे अकेले नहीं हैं! समाज में प्रायः ऐसे लोग मिल जाते हैं जिनका कोई-न-कोई 'ठेका' होता है! सम्भवतः यह 'ठेका' शब्द 'टेक' का विकार है! अपढ़ों में ही नहीं बड़े-बड़े विद्वानों में भी यह आदत मिलती है! धारा प्रवाह बोलते समय विचारों के अनुकूल शब्द खोजने में सबको कुछ न कुछ कठिनाई होती है! अभिव्यक्ति की दौड़ में दिमाग़ जीभ से आगे रहता है! इसलिए बीच-बीच में सोचने के लिए सभी लोग कुछ-न-कुछ समय निकाल लेते हैं! कोई ऊँ अँ! करने लगता है तो कोई बिना खाँसी के ही खाँसने लगता है लेकिन जो बात की लड़ी टूटने नहीं देना चाहते वे उस छोटे से अवकाश में भी कोई-न-कोई शब्द भर देना चाहते हैं!

इतना समय कहाँ है कि उस भरती के शब्द की सार्थकता पर भी विचार किया जाय! परन्तु भरती का वह शब्द हर बार नया-नया नहीं खोजा जा सकता क्योंकि नया शब्द खोजने में जितना समय लगेगा उतनी देर में तो अभीष्ट शब्द ही सोचा जा सकता है। इसीलिए आम तौर से एक ही शब्द की पुनरावृत्ति हुआ करती है! लेकिन सबकी सखुनतकिया एक ही नहीं होती! सखुनतकिया पर अच्छी तरह मनोवैज्ञानिक ढंग से विचार कर वक्ता की मानसिक ग्रन्थि का पता लगाया जा सकता है!

अक्सर लोग कहते हैं 'क्या नाम कि' परन्तु उसके बाद कोई आवश्यक नहीं कि वे किसी नाम को ही सोच निकालें! कोई दूसरी बात भी हो सकती है! कुछ लोग हैं जो 'जो है सो' की झड़ी लगा देते हैं! इच्छा होती है कि कह दूँ—"जो है सो तो है ही, आपको क्या कहना है?" लेकिन इनके भी चाचा वे हैं जो प्रत्येक वाक्य के आरम्भ में 'कहना है कि' ज़रूर लगाते हैं गोया इसके बिना वह वाक्य 'कथन' माना ही नहीं जा सकता! ऐसे लोगों की आदत छुड़ाने के लिए प्रत्युत्तर में 'सुनना है कि' की झड़ी लगा देनी चाहिए! दूसरे हैं जो 'यानी' के बिना एक वाक्य भी ठीक से नहीं बोल सकते! उन्हें यह विश्वास ही नहीं होता कि अभी-अभी जिस शब्द का प्रयोग किया है वह पूरे भाव को वहन करने में समर्थ है या नहीं! भले ही वे 'बैल' के बाद यानी लगाकर 'बरधा' ही कहें परन्तु 'यानी' ज़रूर कहेंगे! कभी-कभी उनका 'यानी' दो बिल्कुल भिन्न अर्थ-भाव वाले शब्दों को जोड़ता है!

अगर सखुनतकिया सार्थक ही हो जाय तो वह सखुनतकिया कहाँ रही? मेरे एक समीक्षक मित्र तो लिखने तक में 'वा' की भरमार कर देते हैं! उन्हें एक शब्द के प्रयोग पर सन्तोष ही नहीं होता!

जिन्हें अपनी बात ज़्यादे साफ़ तौर से कहने का लोभ होता है वे बार-बार 'मतलब' शब्द का व्यवहार करते हैं! प्रायः जिनके दिमाग़ में विचारों का गड्डमड्ड होता है वे उतना ही बेमतलब 'मतलब' का उपयोग करते हैं। ऐसे ही 'मतलबी' कभी-कभी 'माने कि' की धूम मचा देते हैं। इनकी बातचीत क्या होती है कोई सटीक पोथी होती है जिसमें कविता के साथ-साथ माने मतलब सब हो! अर्थ और व्याख्या करते-करते जिन अध्यापकों को अपने ही समान सारा संसार दिखायी पड़ता है वही इस 'ठेका' का सहारा लेते हैं!

हमारे एक अध्यापक की आदत थी कि वे 'जैसा मैं पहले कह चुका हूँ' बहुत कहते थे परन्तु खेद के साथ कहना पड़ता है कि इससे पहले भी उन्होंने इतना ही कहा था! वे 'क्लास' में जिस दिन आते थे उसी दिन से शुरू करते थे 'जैसा कि मैं पहले कह चुका हूँ'! उन्हीं की एक और सखुनतकिया थी 'जैसा कि मैं आगे बताऊँगा!' परन्तु साल के आख़िरी दिन भी वे यही कहकर विदा होते थे! साल के शुरू में वे यह वादा करते थे और अन्त में भी यही वादा दे जाते थे! हाथ इसके सिवा क्या लगता! अगर 'क्लास' में उनका पूरा नोट लिया जाता तो आधे से अधिक पन्ना उनके इन्हीं दो फिकरों से भर जाता! और नहीं हुआ तो कहते 'जैसा कि आपने पढ़ा होगा' अथवा 'जैसा कि आप जानते होंगे।' फिर इसके बाद पुस्तक बाँचकर सुना देते!

अब तक ज़िन्दगी में प्रायः अध्यापकों से ही पाला पड़ा है अतः उन्हीं की बात! एक दूसरे अध्यापक क़दम-क़दम पर पूछते थे 'है कि नहीं' इसी को वे अंग्रेज़ी में 'इजन्ट इट' कहते! और तय है कि वे न तो इसे प्रश्न समझते थे और न इसके उत्तर की अपेक्षा करते थे! धुआँधार उड़ाते चले जाते थे चाहे उन सबके लिए 'नहीं' का ही उत्तर क्यों न उचित हो! इसी तरह कुछ लोगों को 'चुनांचे' का नशा होता है! एक साधू बाबा ने अपने लिए 'रामजी यह बात', 'रामजी वह बात' 'रामजी आये थे' 'रामजी गये थे'

'रामजी को चुटकी मिल जाय'...हाँ हाँ, रुक क्यों गये? कहते जाइए 'रामजी को जूता मिल जाय'...

मेरे एक मित्र की आदत थी कि वे प्रायः कोई बात कहने के पहले 'कि' पर आकर जमने लगते थे जैसे अगले पाँवों पर घोड़ा! 'मेरे कहने का मतलब है कि' मैंने भाँप लिया और ज्योंही वे 'मेरे कहने का मतलब है' कहते थे कि उसके आगे मैं झटके से 'कि' बोल देता! इस झटके से उनके विचारों की सारी शृंखला तीन तेरह हो जाती! बाद में तो वे 'कि' पर न रुककर उसके आगे एकाध निरर्थक और अप्रासंगिक शब्द कहकर ही साँस लेते—उसके बाद उन्हें अपने वक्तव्य के लिए चाहे दो-तीन मिनट रुकना ही क्यों न पड़े!

एक कवि जी को कविता के प्रत्येक चरण के पहले 'तो' लगाने की आदत है! जैसे 'तो गणपति के पावन पाँव पूज वाणी पद को कर नमस्कार!' यह आदत इस सीमा पर पहुँच गयी कि धीरे-धीरे 'तो' उनकी कविता में 'छन्द पूर्ति' के लिए भी आने लगा! दूसरे कवि महोदय हैं जो उर्दू वालों की नक़ल पर बीच-बीच में बोलते चलते हैं—'कविता है' अथवा 'कविता सुनियेगा' गोया अगर वे सावधान न करेंगे तो उनकी गलेबाज़ी के बावजूद भी विज्ञ श्रोता उसे गद्य मान लेंगे! इधर कविता पाठ के अवसर पर 'अन्तिन पंक्ति है' अथवा 'अन्त में' कहने का भी ढर्रा चल पड़ा है। कुछ कवि तो बेचारे रेंकते-रेंकते सुस्ता लेने के लिए ऐसा कह बैठते हैं और कुछ श्रोता मण्डली को आश्वस्त करने के लिए कि भाई जैसे अब तक सुना वैसे धैर्य धारण कर थोड़ी देर यह आख़िरी लाइन भी सुन लो! इधर श्रोता भी 'अन्तिम पंक्ति' पद सुनकर सतर्क हो जाते हैं, 'पैरत थके थाह जनु पाई' की तरह। दूसरे हैं जो 'एपिग्रेमेटिक' शैली में लिखने के कारण अन्तिम चरण की ओर लोगों का ध्यान विशेष रूप से आकृष्ट करने के लिए ऐसा कर बैठते हैं!

कवि बेचारे तो सदैव आलोच्य रहे हैं परन्तु समालोचना करने वाले आलोचक भी इस आदत से मुक्त नहीं! व्यास शैली में लिखने वाले बाबू श्याम सुन्दरदास को भी 'तात्पर्य यह है कि' कहने की आवश्यकता पड़ती थी—शायद अध्यापकी मनोवृत्ति के कारण! परन्तु शैली समीक्षकों ने इसी

को उनकी एक विशेषता मान लिया! यदि शुक्ल जी 'सारांश यह है कि' लिखकर अन्त में अपने बिखरे विचारों को सूत्र रूप में रख देते थे तो यह विशेषता थी; परन्तु बाबू साहब तो अक्सर 'तात्पर्य' का ही 'तात्पर्य' लिखते थे। द्विवेदी जी की निष्ठा 'नाना' के प्रति सबसे अधिक है! ढूँढ़ने पर ऐसे 'एक शब्द प्रेमी' अनेक मिलेंगे!

सबकी ख़बर लेने वाले अख़बार वाले भी इस बीमारी से मुक्त नहीं हैं! चाहे कोई समाचार अविश्वस्त ही क्यों न हो परन्तु उसके पहले वे 'विश्वस्त सूत्र से पता चला है' ज़रूर जोड़ देंगे। इसी तरह 'जानकार क्षेत्रों का कहना है' अथवा 'लॉबी का समाचार है' जैसे चन्द फिकरे हैं जो धड़ल्ले से व्यवहृत होते हैं! जब कोई ख़बर बेपर की उड़ानी होती है लिख देंगे 'सुनने में आया है' चाहे वह केवल पहली बार सम्पादक ही सबको क्यों न सुना रहा हो!

इधर नेताओं के भी कुछ खास 'ठेके' हो गये हैं जैसे 'बड़े-बड़े मसले हैं'। इनका कोई भी भाषण जब शुरू होता है तो पहला वाक्य यही निकलता है– 'अब हम स्वतन्त्र हैं!'

इसी तरह 'फ़ोन' पर 'हलो' का प्रयोग भी बिना किसी भाव के मशीनी ढंग से ही होता है! इधर रेडियो वाले भी बीच-बीच में अपनी सत्ता घोषित करने के लिए कहते चलते हैं–'यह आल इण्डिया रेडियो है' 'हम आल इण्डिया रेडियो से बोल रहे हैं।' परन्तु सरकारी नियन्त्रण के कारण इसकी घोषणा सीमित होती है!

सबकी तो कह गया परन्तु अपनी कमज़ोरी से अपरिचित नहीं हूँ! अब तो हमारी बारी है! परन्तु यह आपके ऊपर है कि अपनी पैनी निगाह दौड़ा सकें!

'तदपि कहे बिन रहा न कोई'

कल इंडोनेशिया के प्रसिद्ध चित्रकार अफेंदी के चित्रों की प्रदर्शनी देख रहा था तो मेरे मित्र ने उसके 'आत्मचित्रों' को दिखाकर कहा—"क्यों नहीं तुम भी अपनी क़लम से अपना ही शब्दचित्र अंकित करते? तुम्हारी तटस्थता की परीक्षा होगी!"

सुनकर उत्साह बढ़ा और आप देख ही रहे हैं कि आज क़लम भी उसी ओर चल रही है! आग लगाके जमालो दूर खड़ी। मित्र तो अलग हो गये। रह गये आप और मैं! न कोई मध्यस्थ न कोई तटस्थ! हाँ, मित्र कह गये थे कि न हो तो तुम स्वयं/दूसरे किसी नाम से लिखकर अन्त में भेद खोलना! क्या आपको यह चार सौ बीस पसन्द है? जाने दीजिए! आइए हमारे बीच साफ़-साफ़ बात हो!

तो क्या बताऊँ पहले? अपना नाम? ऊपर तो पढ़ ही चुके हैं! हाँ, एक बात है! लड़कियों को कितनी सुविधा है! केवल नाम से उनका आधा जीवन खुल जाता है! अक्सर लोगों का ध्यान उनके नाम की ओर उतना नहीं जाता—जाता है उसके भी पहले वाले शब्द पर; 'कुमारी' हैं या 'श्रीमती'? इसीलिए लड़कियाँ 'कुमारी' लिखना नहीं भूलतीं; कितनी श्रीमतियाँ भी आधे जीवन तक यही करती जाती हैं! न जाने वे लोगों का ध्यान किधर आकृष्ट करना चाहती हैं? मेरे एक दूसरे मित्र बहुत ही आतुर हैं कि क्यों न पुरुषों को भी अपने नाम के पहले 'कुमार' शब्द जोड़ने का अधिकार हो? वे जानते हुए भी अक्सर मुझसे यह दोहा पूछते हैं कि 'कैसे हैं—मुरि देख्यो निज पथ मिल...' मुझे जोड़ना पड़ता है—

'...दुई पदचिह्न अनेक!
पै वा पथ पै ना मिली चार चरन की रेख।'

न मिले तो मैं क्या करूँ। लेकिन इस चर्चा को छोड़िए क्योंकि हमारे-आपके बीच इस सम्बन्ध में कोई मोल-भाव नहीं चलने जा रहा है!

आप हैं दूर। इसलिए एक स्थूल बाह्य रूपरेखा भी अपनी बतानी पड़ेगी। लेकिन शब्दों से क्या होता है? कहते ही हैं कि 'देखे मुख भावै अनदेखेई कमलचन्द' शब्दों पर केशव को विश्वास न था! मुझे भी नहीं है! ऐसे नादान लड़के हैं ये कि मुँह खोलते हैं कुछ कहने के लिए और बोल देते हैं कुछ! इसी कमज़ोरी को पण्डित लोग शक्ति कहते हैं! इधर मैं न तो कमल हूँ और न चन्द जो बिना देखे ही इस शब्द चित्र को पढ़कर आप पसन्द करने लगें! और जब मुँह देखी ही बात की जाती है तो जाने दीजिए कभी देख लीजिएगा! इसी भय से तो नेता लोग भी जब अपनी 'आत्मकहानी' लिखते हैं तो अपना शब्दचित्र न देकर बीच-बीच में भिन्न-भिन्न अवस्थाओं का फ़ोटो दे देते हैं! मैं इस लेख में कहाँ चिपकाऊँ! अभी तो कोई है भी नहीं!

असल चीज़ है अपनी बौद्धिक और हार्दिक विशेषता। यही तो मुश्किल है। जब बड़े-बड़े आदमियों को इसमें कठिनाई होती है तो मैं किस खेत की मूली! कहूँ कि मैं सरल सीधा, सज्जन और काफ़ी पुस्तकें पढ़ने वाला हूँ...तो इसके आगे बढ़ने से पहले ज़रा आपके चेहरे की ओर देख लेना चाहता हूँ! क्या कहूँ? आपके होने के बीच तो बतीसी उजली उजली 'दोरन्द लाइन' बना रही है! अच्छा भाई, लीजिए आपको ख़ुश करने के लिए कुछ यही कहूँ कि धूर्त, मक्कार, ठग और पुस्तकों से दूर रहने वाला हूँ! इस पर तो आपकी एक भौंह 'अ' की तरह हो रही है और दूसरी 'हं' की तरह! यह और गड़बड़! कह रहा था न मैं! गुन कहने में आत्मश्लाघा और दोष कहने में 'अहं'! तब तो 'विनहिं कहे भल दीन दयाला!'

आप तो तुलसी के 'सयाने' हैं थोड़े में ही सब कुछ समझने वाले हैं इसीलिए उन्होंने कुछ अल्प ही बखाना था! आपने उचित विस्तार दिया अगर मैं कुछ न कहूँ तब भी आप काफ़ी समझेंगे! सन्तोष है कि आज भी 'सहसनयनों' की कमी नहीं है। वे अपना काम करेंगे ही तब मैं उनका भार हलका करने जाकर क्यों बढ़ाऊँ क्योंकि इस क्रिया में भी उन्हें कुछ दोष मिल जायेंगे!

आप चिन्तित न हों। दो आँखों से भी काफ़ी दिखायी पड़ता है! चश्मा लगाने पर वे दो का पहाड़ा पढ़ने लगेंगी और इसी तरह चाहें तो वह पहाड़ा पहाड़ बन सकता है!

क्षमा करें, कहने चला अपने विषय में और कहने लगा आपके विषय में! यही तो दोष है मेरा! यद्यपि नेता लोग भी अपनी 'आत्मकथाओं' में अपने से अधिक औरों पर पिले रहे हैं पर 'समरथ के नहिं दोस गुसाईं!'

अब आप कहेंगे कि अच्छा तमाशा है 'मान न मान मैं तेरा मेहमान। आख़िर तुमसे तुम्हारा परिचय पूछ ही कौन रहा था जो तुम देने चले और अब नहीं दे रहे हो।'

क्या आपको ट्रेन में या कहीं दूसरी जगह कोई ऐसा आदमी मिला है जो बिना पूछे अपना ही नहीं अपनी सात पीढ़ियों का सविस्तार परिचय बता जाता है और चलते चलते अपना पता भी लिखकर दे जाता है ताकि आप उससे पत्र-व्यवहार कर सकें! न भी मिला हो तो शायद आज इसका लेखक ही मिल गया हो। लेकिन विश्वास मानिए मैं अपना पता देकर आपको कष्ट न दूँगा! मेरा कोई पता ही नहीं है।

हम वहाँ हैं जहाँ से हम को भी
कुछ हमारी ख़बर नहीं आती!

मुझको आप जो कह लें कुछ न कहूँगा! क्योंकि भाई, आत्मकथा तो बड़े आदमी हो लिखते हैं अथवा आदमी बड़े होने पर लिखते हैं!

मनि मानिक मुकता छवि जैसी।
अहि गिरि गज सिर सोह न तैसी।।

एक ही आत्मकथा अलग-अलग सिर पर अलग शोभा देती है! एक ही खद्दर अगर मैं पहनूँ तो लोग दरिद्र कहें; अगर सेठ जी पहनें तो सादगी वाले कहे जायें; अगर नेहरू जी पहनें तो महान राष्ट्रप्रेमी का खिताब पायें और गाँधी जी तो फिर महात्मा कहलाये ही!

अब ऐसी दशा में अपनी बात कैसे कहूँ! छोटों को अपनी बात कहने का अधिकार नहीं है! इसलिए या तो वे बड़ों की बातें सुनते रहते हैं अथवा बड़ों के बारे में उन्हीं के मुँह पर कहते रहते हैं!

कुछेक तो 'श्रवनरन्ध्र अहिभवन समान' हैं और बाक़ी हर एक बड़े आदमी के मुँह पर जाकर कहते हैं कि आप सबसे बड़े आदमी हैं! बड़े आदमी को कभी-कभी ऐसे लोगों की कमी खटकती है। इसलिए कुछ लोगों को इस प्रकार वाणी का वरदान देकर रख छोड़ते हैं अपने आसपास! कब से सुन रहा हूँ कि सामने छत पर बैठा हुआ कौवा सवेरे-सवेरे ही किसी के गुणगान में ज़मीन-आसमान के कुलाबे मिला रहा है! ठीक ही है, आख़िर वाणी का जो वरदान उसे मिला है वह क्या यों ही व्यर्थ जाने के लिए! देश में अभी जो सुबह आयी है यानी आँखों में भले न आयी हो, ज़बान पर तो चारों ओर थिरक रही है उसके। गायक गीत खगों की होड़ तो देखिए! बेचारा काग क्या खाके मुक़ाबला करे? मैं भी एक के सामने कही हुई बातें फिर-फिर आपके सामने दुहराकर उनकी याद हरी कर रहा हूँ—आप सबसे बड़े आदमी हैं! आपके समान कोई नहीं!..., मगर आप इसे मौलिक ही समझें। आत्मकथा बराबर नयी होती है चाहे उसमें नयापन कुछ न हो!

मैं फिर बहक गया! कहने चला था अपने बारे में और कह चला आपके बारे में! यही तो कमज़ोरी है! मैं पानी की तरह कमज़ोर हूँ; चलता हूँ कहीं के लिए और लुढ़क पड़ता हूँ कहीं; जिधर ढाल देखा उधर ढुलक पड़ा और हर एक रिक्त स्थान में, धरती की हर एक आँख के सूने कोर में रुक जाता हूँ! मैं पानी हूँ! आँसू की तरह लड़का हूँ; बात नहीं थमती; कह देता हूँ अनजाने ही; लेकिन अपनी नहीं उसकी जिसका होता हूँ! आँसू के भी कहीं कान होते हैं मुँह ही तो होता है! किसी की सहानुभूति सुन नहीं पाता! कौन जाने कोई मुझे लड़का समझकर सहानुभूति प्रकट करता ही नहीं। लेकिन मेरे दोस्त, आँख का पानी वह नाबालिग है जिसकी बात का कयास बालिग से भी अधिक करना चाहिए! मैं अगर थोड़ी देर तुम्हारी आँखों से भी ढुलक पड़ा तो क्या अचम्भा? नाराज़ तो नहीं हो! छमा बड़ेन को चाहिए!

जानता हूँ आज कि थोड़े दिन पहले कवि मण्डली में आत्म-परिचय लिखने की बड़ी प्रथा थी; गर्वोक्तियाँ भी लिखी जाती थीं; कवि-सम्मेलनों में अक्सर कवि से कविता सुनने के पहले 'परिचय-परिचय' की ही पुकार आती थी और इसके बाद कोई अपना 'पानी सा परिचय' देता था तो कोई सुधा-सा! लोग पीकर अघा जाते थे! छायावादियों से कोई परिचय इसलिए

नहीं पूछता था कि उनकी अधिकांश कविताओं में 'मैं' देखकर लोग समझने लगे थे कि यह तो सब अपने ही बारे में लिख रहा है!

इधर 'समाधि लेख' लिखकर भी अपने बारे में कहने का रिवाज हो गया है! लेकिन मुझसे तो मेरे धर्म ने वह भी अधिकार छीन लिया। ये पाँचों तत्त्व धरती के नीचे न जाकर आकाश में बिखर जायेंगे तब मेरा समाधि लेख कहाँ होगा? किरणों पर? नदी की लहरों पर? फूल के होंठों पर? धरती के वक्ष पर? शून्य के नीरव तारों पर?

अब तक तो अपनी ही बात लिखता आ रहा हूँ! 'लिखता हूँ कुछ कुछ लिख जाता!' लेकिन ऐसा प्रकाश ही नहीं मिला जिसमें खड़ा होकर अपने को देख सकूँ! आज अपने ही प्रकाश में खड़ा होकर देख रहा हूँ तो सारा जीवन जैसे एक बहुत बड़ी परछाईं-सा सामने फैल रहा है! आज मेरी छाया मुझसे ही विराट हो उठी है और लगता है कि धीरे-धीरे वही फैलकर मुझ पर छा जायेगी! रात की तरह! जी करता है अपनी परछाईं ओढ़कर चुपचाप सो रहूँ! सन्ध्या भी तो जा रही है!

दुख ही जीवन की कथा रही
क्या कहूँ आज जो नहीं कही!

और आप चाहते हैं मेरा परिचय! इस अपार महामानव समुद्र के किनारे खड़ा हूँ! आँखों से उसे पी रहा हूँ! मुँह से निकल पड़ता है—'तुम मुझमें प्रिय फिर परिचय क्या?' मुझे गर्व है लेकिन अपनी कहानी का नहीं बल्कि ओ महामानव समुद्र! तुम्हारी कहानी का, तुम्हारे हृदय के एक-एक स्पन्दन का जो मेरे भीतर उतने ही विशाल रूप में उमड़ रहा है; वक्ष के भीतर एक दूसरे वक्ष की तरह साँस ले रहा है!

काश! मेरे शब्द शब्द धरती के बेज़ुबान घावों में ज़ुबान की तरह जा बैठते और फिर वही छाँव स्वयं अपनी कहानी कहते—वह सब जो आज तक अनकहा रहा; अनसुना रहा, अनछपा रहा, अनदेखा रहा! देखता हूँ कि जो कुछ सर्वोत्तम रहा वह नहीं कहा गया! मैं भी अपना सर्वोत्तम कहना चाहता हूँ और नहीं कह पाता मेरे सर्वोत्तम! क्या यह सब अनकहा ही रहेगा?

यहाँ सब अपनी ही कहते हैं, सुनता कोई नहीं; कौन कहता है कि इन्द्रियों में एक कान भी आदमी को मिला है! मैं तो चारों ओर खुले हुए फैले-फैले मुँह ही देख रहा हूँ! इसीलिए तो यह कोलाहल है अगर लोग दूसरों की सुनने लग जाते तो...तो...न जाने क्या होता! मेरे अपरिचित मीत, आज मैं भी आया अपनी ही कहने, तुम्हारी सुनने नहीं! खींचना चाहता हूँ अपना चित्र और खिंचा जा रहा है तुम्हारा—अनगिन मुँह, अनगिन हाथ, अनगिन पैर फिर भी एक हृदय!

बन्धु, मन की सब अनकही रही
औ' मैं सब बात हार चला!

दार्जिलिंग की याद

Heard melodie are sweat,
But those unheard are sweater.

–J. Keats

न जाने याद कैसा शीशा है जिसमें सभी सुन्दरतर दिखायी देते हैं। दार्जिलिंग से लौटा तो मन इतना भरा था कि सहसा कुछ लिख लेना सरल न लगा। आँखों में हिमालय की ऐसी झलक थी कि मन सावन का अन्धा हो गया। इधर स्वान्तःसुखाय लेखन के ऊपर इतना आक्रमण हो रहा था कि उपयोगितावादी बुद्धि ने मन के आलस्य को स्थायी बना दिया। सोचा, दार्जिलिंग तो अनेक लोग जाते हैं, देखते हैं; मैंने किसी दुर्लभ स्थान की यात्रा या खोज थोड़े की है जो उस पर प्रकाश डालूँ। किन्तु जब यह याद आया कि प्रत्येक मनुष्य के पास लिखने के लिए एक वस्तु है और वह है उसकी आत्मकथा या जीवन चरित; तो कुछ ढाढस हुआ। और आज जब मैदान के एक गाँव में लू के झोंके सह रहा हूँ तो मन दार्जिलिंग के ठण्डे पहाड़ों में उड़ रहा है। दूरी में एक विलक्षण सौन्दर्य होता है चाहे यह समय की दूरी हो चाहे स्थान की। ऐसा मालूम हो रहा है कि पहाड़ की एक चोटी पर दार्जिलिंग है और दूसरी चोटी पर मैं; बीच के सहस्रों गाँव और लाखों मनुष्य लुप्त हो गये हैं बीच में केवल एक निर्जन घाटी नज़र आती है। अस्तु।

'यात्रा दुकेले' की सीख सुनी लेकिन मैं सुख के लिए नहीं अनुभव के लिए चला था। विजयादशमी से तीन दिन पहले ही रवाना हुआ।

कटिहार की गाड़ी बनारस छावनी पर खड़ी हुई। डिब्बे में कुली की सहायता से घुसने का प्रयास करने लगा और भीतर वाले बाहर आने के लिए जान लड़ाने लगे। ऐसा लगा जैसे कोई पानी की घूँट के साथ ग्रास को पेट में ठेलना चाहता हो और भीतर का बिगड़ा हुआ चित्त उस ग्रास के साथ-साथ पेट का भोजन भी बाहर निकालना चाहता हो। किसी प्रकार भीतर घुसा। बैठने को जगह मिल गयी। अगल-बगल आँख दौड़ायी तो देखा कि डिब्बे में दो छोर पर दो जने खड़े होकर एक-दूसरे पर ज़बान चला रहे हैं। एक ओर की सीधी बात भी सुल्तानपुरी अवधी पर पैनी होकर कड़रवा बन रही थी और दूसरी ओर की क्रुद्ध फूत्कार भी मैथिल की पुड़िया में परामर्श का रूप धारण कर रही थी। शान्त होने पर पता चला कि मैथिल सज्जन ने सुल्तानपुरी महोदय से कहा वहाँ मत बैठिए, मेरा आदमी बैठा है। वह इस समय बाहर गया है।

खण्ड : दो

आलोचनात्मक निबन्ध

नयी हिन्दी कविता में प्रेषणीयता का प्रश्न

साहेब अन्ध, मुसाहेब मूक, सभा बहिरी रंग रीझि को माच्यो।
भूले तहाँ भट क्यो घट औघट, बूड़िबे को कोउ कर्म न बाच्यो ॥
वेस न सूझ्यो कहे समुझयो न बताये सुन्यो न, कहा रुचि राच्यो।
देव तहाँ निबरे नट की, बिगरी मति कौ, सिगरी निसि नाच्यो ॥

—देव

यह तो हुआ केवल कवि पक्ष का आरोप। परन्तु प्रेषणीयता में दूसरा पक्ष भी है—सामाजिक का। माना कि कवि के लेखे राजा साहब काव्य-लोचन हीन पूरे प्रज्ञाचक्षु थे, मुसाहब लोग भीतर से रसग्राही होते हुए भी बाहर से यथोचित् दाद देने में असमर्थ थे और शेष सभा आनाकानी कर रही थी परन्तु स्वयं कवि जी की कविता कैसी थी? सामाजिकों की बात सुने बिना कवि के आरोप पर विश्वास कर लेना केवल अर्द्धसत्य होगा। अभिव्यक्ति और तृप्ति सम्बन्धी ऐसी शिकायतें सनातन हैं। कवि की ओर से तो ये शिकायतें भी काव्यबद्ध हुईं परन्तु जनता की शिकायत या तो कवि की असमर्थ झुँझलाहट से ध्वनित हुई या स्वयं जनता की मौन उदासीनता से। हिन्दी कविता के नये प्रयोगवीरों के मुख से भी आये दिन ऐसी शिकायतें सुनकर ध्यान इसी सनातन समस्या की ओर चला जाता है। स्वयं ये नये प्रयोगवादी कवि भी इस समस्या से परिचित हैं। स्वयं अज्ञेय ने 'तार सप्तक' में अपना वक्तव्य लिखते हुए इस समस्या पर विचार किया है। 'काव्य ही कवि का वक्तव्य है' यह स्वीकार करते हुए भी आज का कवि अपनी कविताओं को प्रेषणीय बनाने के लिए स्वयं व्याख्याकार भी बन बैठा है।

इनमें से कुछ व्याख्याएँ तो ऐसा सरसब्ज़ बाग़ दिखाती हैं जो उनके काव्य मरु में चश्मा लेकर ढूँढ़े भी नहीं मिलता और कुछ लोग अपनी अच्छाइयों को भी समझने में असमर्थ दिखायी पड़ते हैं। इधर 'संगम' में अपनी दो कविताओं को उपस्थित करते हुए अज्ञेय ने स्पष्ट रूप से स्वीकार किया है कि मेरी कविताएँ सुनने के लिए नहीं बल्कि एकान्त में बैठकर केवल पढ़ने के लिए हैं। इस कथन का सूत्र तार सप्तक के उस वक्तव्य में छिपा है जहाँ वे कहते हैं—'भाषा को अपर्याप्त पाकर विराम संकेतों से, अंकों और सीधी-तिरछी लकीरों से, छोटे-बड़े टाइप से, सीधे या उलटे अक्षरों से, लोगों और स्थानों के नामों से, अधूरे वाक्यों से—सभी प्रकार के इतर साधनों से कवि उद्योग करने लगा कि अपनी उलझी हुई संवेदना की सृष्टि पाठकों तक अक्षुण्ण पहुँचा सके।' इसी ओर ध्यान रखकर प्रसाद जी ने 'श्रव्य काव्य' को 'पाठ्य काव्य' कहने का आग्रह किया था। निस्सन्देह छापे की मशीन ने प्रेषणीयता के साधन में बहुत परिवर्तन कर दिया है। परन्तु इससे भी पूर्व नये कवि ने स्वीकार किया है कि वर्ग वैषम्य ही प्रेषणीयता में सबसे बड़ा बाधक है। इसीलिए एक ही भाषाभाषी जनता के बीच भी अनेक प्रकार के स्तर भेद दिखायी पड़ते हैं। उच्च मध्य वर्ग, निम्न मध्य वर्ग तथा निम्न वर्ग किसान-मजूर की भाषा में अन्तर मिलने का यही कारण है। प्रत्येक देश की भाषा में जनबोली तथा परिनिष्ठित भाषा जैसा भेद इसी कारण है। अनुमानतः वैदिक युग के वर्गहीन समाज में भाषा का ऐसा श्रेणीगत भेद न था। एक ओर तो नयी कविताएँ आभिजात्य वर्ग की परिनिष्ठित भाषा में हैं, दूसरे वर्ग विशेष के विशिष्ट उच्चारण, स्वराघात, संगीत, सूक्ष्म अलंकार आदि से आकीर्ण हैं, तीसरे लिखित पढ़ने पर ही बोधगम्य हो सकती हैं, चौथे मध्यवर्ग के जीवन को प्रतिबिम्बित करती हैं। दूसरी ओर अधिकांश हिन्दी पाठक परिनिष्ठित हिन्दी के शब्दकोश, उच्चारण, संगीत आदि से अपरिचित तो हैं ही निरक्षर भी हैं साथ-साथ मध्यवर्गीय जीवन के गुह्य भेदों से अनजान हैं। प्रेषणीयता की इस विशाल बाधा को दूर करने के लिए अपने पूर्वज कवियों की तरह आज का कवि भी जन-बोलियों के शब्द, संगीत आदि का ग्रहण करने में प्रयत्नशील है। परन्तु महलों में रहते हुए झोंपड़ियों की बोली सीखने के लिए कवियों ने

अपने जिन अर्धग्रामीण और अर्धनागर नौकरों को साधन बनाया है उससे कभी-कभी काम में हास्यास्पद अनुकरण दिखायी पड़ते हैं।

यदि इस समस्या की सीमा कम करने के लिए मान लें कि हिन्दी कविता के कवि और पाठक एक ही वर्ग—मध्य वर्ग के हैं तब भी कठिनाई वैसी ही बनी है। इस एक वर्ग में भी छोटे-छोटे कई स्तर हैं। नया कवि इस ओर भी सतर्क है कि एक ही वर्ग के दो व्यक्तियों में इतना मानसिक अन्तर हो गया है कि एक की बात का पूरा-पूरा ग्रहण दूसरा नहीं कर सकता। इस मानसिक अन्तर का भी कारण बहुत कुछ आर्थिक परिस्थितियों का अन्तर ही है। कुछ कवि तो यहाँ तक मान लेते हैं कि एक ही व्यक्ति के इतने मनःखण्ड हो गये हैं कि एक खण्ड दूसरे खण्ड के रहस्यों से अनभिज्ञ रहता है। सम्भव है इतनी दूर तक जाने में अभिव्यक्ति असम्भव हो जाय। परन्तु स्वयं कवि को अपनी बात अधिक-से-अधिक लोगों तक पहुँचाने का मोह इतना प्रबल होता है कि उसे आभिव्यक्ति को प्रेषणीय बनाना ही पड़ता है। हाँ, अहंकारवश कुछ कवियों ने यह अवश्य घोषित किया है कि यदि सामान्य जन हमारी कविता नहीं समझते तो हम आभिजात्य वर्ग के कुछ लोगों के लिए लिखेंगे। वे 'स्वान्तः सुखाय' को प्रेषणीयता के क्षेत्र में प्रयोग करते हुए अपनी ही समझने के लिए कविता लिखते हैं। इस प्रकार पाठक तो विवश हैं ही कवि भी कम विवश नहीं हैं। परीक्षा करनी है उनके प्रयत्न की, प्रयोग की।

प्रेषणीयता में बाधक एक और तत्त्व होता है—वह है परम्परा विच्छिन्नता। कवि तो एक प्रयोग के रूढ़ होने पर दूसरा नया प्रयोग करते हैं परन्तु पाठक उस विशिष्ट चेतन व्यक्ति के साथ क़दम मिलाने में असमर्थ दिखायी पड़ते हैं। कभी-कभी तो ऐसा होता है कि पचास-पचास वर्ष बाद भी नये प्रयोगों को समझने-बूझने वाले बहुसंख्यक पाठक नहीं मिलते। उदाहरणस्वरूप छायावादी कविताओं के रसग्राही पाठक आज भी बहुत कम हैं परन्तु यह कोई अच्छी बात नहीं। 'उत्पत्स्यते हि मम कोऽपि समानधर्मा' जैसे विश्वास को यदि सभी कवि आधार बना लें तो कविता की प्रेषणीयता तात्कालिक न होकर भविष्याव लम्बी हो जायेगी। छायावाद के रसग्राही पाठक न मिलने में जो बाधाएँ थीं बहुत कुछ वे ही—उनसे भी दो एक अधिक नये काव्य

प्रयोगों के सामने हैं। आचार्य शुक्ल ने छायावाद पर परम्परा विच्छिन्नता का जो दोष लगाया था वह छायावाद के विषय में लागू हो चाहे नहीं परन्तु नये काव्य प्रयोगों के विषय में सत्य है। नये काव्य प्रयोग छायावादी काव्य के स्वाभाविक विकास नहीं हैं। नयी कविता और छायावादी कविता के बीच कुछ स्थान रिक्त दिखायी पड़ता है।

छायावादी जीवन-पलायन और सूक्ष्म शृंगार के विरुद्ध प्रतिक्रिया स्वाभाविक थी। हुई भी। स्वयं छायावादी कवियों में ही द्वितीय महायुद्ध आरम्भ होने से दो-तीन वर्ष पहले अपने विरुद्ध प्रतिक्रिया हो गयी। समय के अनुकूल छायावाद के विरुद्ध समाजवादी काव्यधारा का आवेग उपयुक्त था। परन्तु उसके सूक्ष्म शृंगार के विरुद्ध जो मांसल ऐन्द्रियता फूट पड़ी, उसमें विद्रोह की शक्ति अपनी नहीं उधार ली हुई थी। अंचल से जो 'जाग्रत और प्रदीप्त अतृप्ति का विह्वल रोदन' बरसने लगा उसके पीछे किसी सामाजिक दबाव की पृष्ठभूमि उतनी न थी जितनी इंग्लैण्ड के डी.एच. लारेंस जैसे कवियों की दमित वासना और वर्जना। इसीलिए कुछ पीठ ठोंक आलोचकों के बावजूद भी सामान्य मध्यवर्गीय पाठकों को ये कविताएँ असत्य लगीं।

ऐसा लगता है कि छायावाद के बाद आने वाले अत्याधुनिक कवियों का सम्बन्ध न तो छायावाद की सीधी प्रतिक्रिया से था और न भारत की तत्कालीन सामाजिक पृष्ठभूमि से। इन अत्याधुनिक कवियों के सम्मुख केवल कुछ नवीन विलक्षण प्रयोग उपस्थित करने का ध्येय था। हिन्दी पाठकों को चमत्कृत करने के लिए अंग्रेज़ी कवियों की उद्धरणी से बढ़कर कुछ न मिलता। यहीं एक त्रुटि हो गयी। हिन्दी के नये कवियों ने अंग्रेज़ी काव्य प्रयोगों से तो सम्बन्ध स्थापित किया परन्तु यह विश्लेषण नहीं किया कि वे किन सामाजिक, राजनीतिक, आर्थिक परिस्थितियों की प्रतिक्रियास्वरूप पैदा हुए हैं। अज्ञेय, गिरिजाकुमार माथुर, मुक्तिबोध जैसे कवियों ने इलियट-पाउण्ड, ऑडेन, स्पेण्डर, लीविस के क़दमों पर चलकर जो पाया उसे हिन्दी में उतार दिया। फलतः पाठकों से दूर रहने वाले छायावाद की जो प्रतिक्रिया हुई वह पाठकों के निकट न आकर और दूर चली गयी! इन कवियों ने छायावादी काव्य-कौशल और रूपविधान के विरुद्ध क़दम

उठाया जो सूक्ष्म के स्थान पर स्थूल न देकर सूक्ष्मतर हो गया। स्वयं पन्त और निराला के नये क़दम उतने अस्पष्ट नहीं जान पड़े जितने अत्याधुनिक कवियों के। इलियट का अनुसरण कर जिस अज्ञेय ने 'परम्परा और मौलिकता' नामक निबन्ध में परम्परा से सम्बन्ध स्थापित करने का नारा बुलन्द किया उन्होंने काव्य कौशल (प्रतीक विधान, संगीत-छन्द, शब्दचयन आदि) के क्षेत्र में हिन्दी काव्य परम्परा का ज़रा भी ध्यान नहीं रखा। यद्यपि यह रूढ़िवाद अपरिचित समाजवादियों की रूढ़ि ध्वस्तता के विरुद्ध केवल सैद्धान्तिक था फिर भी अपरिचित रूपविधान के कारण इसका स्वागत न हो सका। आश्चर्य है कि परम्परा ध्वंसक समाजवादियों ने तो काव्य का रूपविधान बहुत कुछ परम्परानुकूल रखा जबकि परम्परापूजक कवियों ने एकदम वैदेशिकता का बाना अपनाया। फलतः दोनों प्रकार के कवि अपरिचित रह गये।

यों तो मुक्तछन्द से ही लोग काफ़ी भड़क रहे थे परन्तु निराला के मुक्तछन्द घनाक्षरी के ही तोड़े हुए रूप होने के कारण अधिक विदेशी नहीं लगे—फिर अनुप्रासों की बहार द्वारा निराला ने पाठकों के कर्णज्वर को दूर करने का प्रयत्न किया। अज्ञेय के छन्दों ने इनसे भी दो क़दम आगे रखा। न तो इनका सम्बन्ध कवित्त सवैयों से है और न किसी अन्य प्रचलित छन्द से। इलियट की तरह इनके मुक्त छन्द दूरप्रसारी प्रलम्बित और पुनरावृत्तिवाहक हैं। इनके गद्यगीत भी रविबाबू की अंग्रेज़ी गीतांजलि से प्रभावित हिन्दी गद्यकाव्यों की तरह न होकर अंग्रेज़ी कवियों—लारेंस आदि की तरह के हुए। स्वराघात का सूक्ष्म ध्यान अंग्रेज़ी ढंग का दिखा। इन गद्यगीतों के इस ध्वनि सौन्दर्य को समझने में हिन्दी आलोचक भी असमर्थ रहे। इनसे भी आगे बढ़े शमशेर बहादुर सिंह। इन्होंने तो ध्वनि चित्रण में अनेक अजनबी प्रयोग किये—

ख़ामोश,
हो;
होश — न खो;
रो, मगर-जी।
ज़िन्दगी संसार की आख़िर
तू ही।

ओ साबिर।
खिलापरवर यह
बे-रूही;
आख़िर
वह भी है
तू—ही!
तू—ही!
तू—ही!

यह शमशेर की एक कविता है। केवल स्वरों पर अलग-अलग आघात और बल से ही अर्थ-वैशिष्ट्य उत्पन्न हो सकता है, अन्यथा पूरी कविता, कविता तो दूर अर्थहीन गद्य के रूप में भी स्वीकृत नहीं हो सकती। जैसे कोई असम्बद्ध प्रलाप कर रहा है। ऐसी अनेक कविताएँ 'गाँठ' की तरह पाठकों के सामने आ जाती हैं जिनके सभी अर्थ-सूत्र कविजन तोड़कर अपने मन में रख लेते हैं। 'अज्ञेय' की 'समाधि लेख' शीर्षक कविता पढ़कर कर्ता के नाम को ही दुहराना पड़ता है। प्रतीकों के क्षेत्र में भी छायावादी तो अधिक-से-अधिक दुहरे लाक्षणिक प्रतीक तक ही गये जो प्रायः बाह्य प्रकृति से लिए गये थे। यहाँ अनेक उलझे यौन प्रतीक प्रयुक्त हुए जिनकी कुंजी मनोविश्लेषण शास्त्र की पुस्तकों में बन्द है। कहीं-कहीं ये प्रतीक केवल ध्वनि संकेतवाही दिखायी पड़े। इनका अर्थ पाने के लिए अंग्रेज़ी काव्य के नये प्रयोगों का अध्ययन आवश्यक हो गया।

प्रभाकर माचवे जैसे आलोचक कवियों ने तो यूरोपीय पौराणिक कथाओं का प्रसंगगर्भत्व दिखाना आरम्भ किया। कहीं-कहीं व्यंग में अंग्रेज़ी लेखकों के अस्पष्ट प्रसंग आने लगे। इन्हें अस्पष्ट समझकर कवियों ने स्वयं पाद टिप्पणियों का प्रयोग अनिवार्य समझा। रांगेय राघव ने 'सोडोम' नगरी के एक उपाख्यान के आधार पर 'कहानी है' जैसी कविता लिख डाली।

अत्याधुनिक कवियों की अति तो हो चुकी। तथाकथित प्रगतिवादियों को भी कालान्तर में अपना नारा भूल गया। छायावादियों में जिस जीवन्तता का अभाव दिखाकर इन्होंने काव्य को धरती पर लाने का श्रेय लिया, वही अभाव उनमें भी आ गया। कारण यह कि अत्याधुनिकों से प्रभावित

होकर इन जनवादी कवियों ने भी कोरे काव्य कौशल (टेक्नोक्रेसी) में प्रयोग करना शुरू किया। पहले तो इन कवियों ने प्रचार के आवेश में बहुत से भाषण-काव्य लिखे परन्तु शीघ्र ही वाक्संयम आया। इस स्वाभाविक वाक्संयम से भाव और भाषा की शिथिलता तो अवश्य दूर हुई परन्तु यह संयम वाक्सूक्ष्मता में बदलने लगा और ये कवि दूरारूढ़ व्यंजना तथा लक्षणा में प्रविष्ट हुए। छायावादी आलोचकों ने आरोप लगाया कि प्रगतिवादी काव्य कलाहीन है और इस क्षतिपूर्ति के प्रयत्न में ये कवि काव्य के कला पक्ष पर ऐसे भिड़े कि जीवन बहुत दूर छूट गया। मुक्तिबोध के सम्पूर्ण प्रयोग इस निर्जीव पलायन के उदाहरण हैं। जनसंगर से दूर-दूर अपनी मानसिक उलझन सुलझाने वाले अत्याधुनिक प्रयोगवादी कवियों में तो प्रत्यक्ष सामाजिक सत्य के साक्षात्कार का साहस न था अतः उनके लिए प्रयोग विलास स्वाभाविक था। वे कभी 'इत्यलम्' कहकर वाक्संयम भी दिखा सकते हैं तथा अभिव्यक्ति के दूसरे माध्यमों से जूझ सकते हैं। परन्तु जनवादी कवि का यह पलायन आत्मविस्मृति का सूचक है। इनमें से कुछ कवियों ने भारतीय जन-जीवन का विश्लेषण न करके केवल यूरोपीय कवियों द्वारा विश्लेषित जीवन का चित्रण किया है। द्वितीय महायुद्ध के समय जैसी मनःस्थिति इंग्लैण्ड और रूस की थी वैसी ही भारत की न थी। भारत में कोई विशेष उथल-पुथल न थी। जो थी भी उसका सम्बन्ध युद्ध से सीधा न था। परन्तु कवियों ने जो लिखा उसमें यह सब कुछ भी था। इसलिए यह काव्य जीवन के निकट होते हुए भी भारतीय समाज से दूर था।

नये काव्य प्रयोगों के साधारणीकरण में बाधक एक और तत्त्व हुआ वह है बौद्धिकता का। पन्तजी ने तो अपनी बौद्धिक सहानुभूति को दुर्बलता के रूप में स्वीकार करके नम्रता का परिचय दिया परन्तु कवि केदार ने अभिमान के साथ पद घोषित किया कि हिन्दी कविता अब 'रस' की प्यासी नहीं है। कविता रस की प्यासी हो चाहे नहीं परन्तु पाठक तो 'रस' के लिए ही कविता पढ़ेगा। यह दूसरी बात है कि भूखा पाठक कविता बिल्कुल न पढ़े। परन्तु जीवन-पथ पर आगे बढ़ने के लिए किसी-न-किसी रस की ही कविता पढ़ी जायेगी। प्रश्न यह है कि बौद्धिक कविताओं में रस मिल सकता है या नहीं। छायावाद के बाद कविताओं में जो बौद्धिकता

आयी उसके तीन कारण थे—एक तो छायावादी भावुकता की प्रतिक्रिया, दूसरे वैज्ञानिक तथा मनोवैज्ञानिक विश्लेषणमूलक दृष्टिकोण, तीसरे कवियों का पौस्तक सिद्धान्तों से प्रेरित होना। अन्तिम पर थोड़ा विचार कर लेना चाहिए। समाज का मन समाज व्यवस्था के साथ ही नहीं बदलता, कुछ देर लगती है। मन में भी बुद्धिपक्ष जल्दी परिवर्तित होता है परन्तु हृदय पक्ष देर से प्रभावित होता है। एक तो भारत की समाज व्यवस्था में कोई मौलिक परिवर्तन नहीं हुआ कि कवियों का हृदय सीधे प्रभावित होता दूसरे उस समय भारत में केवल बौद्धिक क्रान्ति ही हो सकी थी। इसलिए इस काल की अधिकांश कविताएँ सिद्धान्तों की पद्यबद्ध उद्धरणी मात्र रहीं। पन्तजी का सारा परवर्ती काव्य ऐसा ही है। भारतभूषण ने ईमानदारी के साथ आज के कवि की इस असमर्थ पाचन शक्ति को व्यक्त कर दिया है—

मैं निरा विलायती स्पंज हूँ
मेरे प्राण रिक्त और छिद्रमय—उनमें कहाँ है रस,
उनमें कहाँ है स्रोत!
मैं तो मात्र बाहर के जीवन को सोखकर फिर उगल देता हूँ
सो भी जब तब कोई आकर निचोड़े मुझे!

जीवन को ही नहीं पुस्तकों को भी सोखकर आज का कवि उगल देता है। रसमयी कविता तो तब होती है जब इन सिद्धान्तों के पीछे अपनी जीवनानुभूति के प्रत्यक्ष उदाहरण हों। सिद्धान्त केवल जीवन सत्य को देखने की दृष्टि देते हैं। जीवन भोगते हुए उन सिद्धान्तों को जैसे फिर से प्राप्त किया जाता है। नये कवियों में इसी की कमी दिखायी पड़ी। हृदय से निकली कविता हृदय तक पहुँचती है और बुद्धि से निकली बुद्धि तक। नयी कविताएँ बुद्धि से निकलकर केवल कुछ लोगों की बुद्धि का ही स्पर्श कर सकीं। बौद्धिक रस भी होता है। जैसे शास्त्रों में कोई नयी बात पढ़कर या गणित का कोई नया प्रश्न हल कर या कोई बात सहसा समझकर एक प्रकार का बौद्धिक आनन्द मिल जाता है। इसे निम्न कोटि की रसस्थिति कह सकते हैं। परन्तु आह्लाद तो मिलता है अपनी किसी जीवनानुभूति के उद्रेक पर ही। काव्य में जीवन के सामान्य सिद्धान्तों की चर्चा तक तो गनीमत है, लेकिन जब विज्ञान के बड़े-बड़े सिद्धान्तों तक तात्त्विक प्रश्नों को कविता

में ठूँसा जाने लगा तो अग्राह्यता की चरम सीमा आ गयी। नवीन जी ने 'कार्यकारण शून्यता' शीर्षक कविता में वकीलों की तरह तार्किक दाँवपेंचों का तो प्रदर्शन किया ही, काकतालीय न्याय, घुणाक्षर न्याय, हेत्वभास आदि के साथ 'विद्युन्मणियों के उत्प्लवन' और 'अंशु-स्फुरणकारी पदार्थ के अणु-संहति-भेदन' का भी उल्लेख किया है। इससे कवि की 'बहुज्ञता' का लोहा भले ही माना जाय लेकिन कविता को दुबारा पढ़ने का कष्ट कोई नहीं उठायेगा—ऐसी कविताओं को प्रभाकर माचवे जैसे कवि ही दुबारा पढ़ेंगे जिन्हें पैरोडी लिखनी होगी या क्लिष्ट काव्य का उदाहरण खोजने वाले आलोचक! जिन कविताओं में मन के सूक्ष्म से सूक्ष्मतम भेदों का बौद्धिक विश्लेषण उपस्थित किया गया है, वे भी ऐसी ही दुरूह हैं।

अन्तिम बाढ़ आयी नयी कविताओं में भाषा सम्बन्धी। काव्य युग में परिवर्तन का प्रथम लक्षण है पदावली का परिवर्तन। एक युग की पदावली दूसरे युग के लिए अशक्त ज्ञात होती है। एक ओर प्रगतिवादियों को छायावादी भाषा इतनी स्त्रैण दिखायी पड़ी कि वे अपने पौरुषमय जीवन सत्य के लिए पुरुष भाषा की टोह में निकले। दूसरी ओर मनोवैज्ञानिक यथार्थवादियों के लिए छायावादी प्रतीक गोल और हवाई ज्ञात हुए। फलतः एक ओर कविता के लिए ग्रामीण, सीधी, खुर्राट पदावली जुटाई गयी जिसमें कहा गया कि कोई शब्द काव्य के लिए अनुपयुक्त नहीं। दूसरी ओर चुने हुए प्रतीकात्मक और सांकेतिक शब्द आये। सबका ध्यान सरलता की ओर रहा। एक जीवित भाषा की स्थापना के लिए संघर्ष शुरू हुआ जिसमें भाषा की शक्ति, सूक्ष्मता, अनुभूति-वहन की क्षमता की रक्षा का प्रश्न मुख्य था। प्रश्न था कि यदि सभी लोग कविता में ही बातचीत करें तो कैसी भाषा का प्रयोग करते। एक ओर भाषा की सरलता का प्रश्न दूसरी ओर सांकेतिकता, मितव्ययता, नपीतुली अभिव्यक्ति की समस्या। प्रायः परिनिष्ठित भाषा के लिखित साहित्य और जन बोलियों के मौखिक साहित्य के बीच जब खाई पाटने का प्रयत्न होता तो काव्य की भाषा गद्यात्मक हो जाती है। यही इस बार भी हुआ। भदेसपन लाने के प्रयत्न में रामविलास और केदार, सरल बनाने के प्रयत्न में सुमन और बच्चन सभी इस दुर्बलता के शिकार हुए। उधर अज्ञेय, मुक्तिबोध आदि को प्रतीकों, संकेतों तथा

संगीत के साथ-साथ नपी-तुली 'गागर में सागर' वाली पदावली का मोह था। अधिकांश प्रयोगवादी ऐसे ही थे। फलतः यह भाषा अत्यन्त बोझिल और दुरूह हो उठी। कहीं-कहीं उसे देखकर ऐसा भान हुआ गोया कवि ने अंग्रेज़ी में सोचकर हिन्दी में अनुवाद किया है। अज्ञेय में यह प्रवृत्ति विशेष है। 'तेरे प्रति मेरे कृतबोध का प्रकाश' जैसी उलझी पदावली प्रेषणीयता में बाधक हुई। नवीन पदावली निर्माण के इस संघर्ष से कुछ कवि तटस्थ भी रहे। ऐसे संघर्ष से बहुत कम अच्छे कवि तटस्थ रह पाते हैं जैसे महादेवी वर्मा। पन्त जी ने 'ग्राम्या' के बाद फिर छायावादी पदावली का प्रयोग आरम्भ कर दिया जिसमें अत्यन्त प्राचीन संस्कृत शब्दों के पुनरुद्धार का प्रयत्न भी दिखायी पड़ा। कुल मिलाकर 'पल्लव' के पन्त जी एकाध 'था थी' जैसे क्रियापदों को छोड़कर एकदम संस्कृतनिष्ठ हो उठे। जनभाषा के निर्माता कवियों की पदावली इतने प्रान्तीय तथा स्थानीय शब्दों से भर उठी कि दुरूहता आ गयी। वाक्य विन्यास अंग्रेज़ी का परन्तु पद ग्रामीण बोली के—भाषा विलक्षण हो उठी। ये कवि केवल शब्द लिखते थे वाक्य नहीं। प्रभाकर माचवे ने मेघल, पंखिल, हेमल, रोमाल जैसे कुछ विलक्षण विशेषण तथा चोरूँ, आकर्षा, स्पर्शा, हर्षा जैसे कुछ उदार क्रिया प्रयोगों द्वारा भाषा का भण्डार तो भरा लेकिन वह भण्डार अजायबघर बन गया। रामविलास के भी मुराई, ढर्रा, गुफना, सकरघटी, कचेलियाँ जैसे स्थानीय शब्द दूसरे स्थानों के लिए अपरिचित हैं। यह है अज्ञेय की एक कविता का कुछ अंश—

यद्यपि अन्धकार के
जागरूक प्रहरी का दिनारम्भ में अचेत होना ही
जीवन की व्रत-सम्पूर्ति है
और उषः किरण के स्पर्श पर क्रौंच की एकाकिनी
पुकार तो
अभिष्यत् के लिए आश्वासन की घोषणा,
आलोक की प्रशस्ति है;
यद्यपितु
परम रहस्य के संसर्ग के उपरान्त
समाधि उन्मेष है!

'जैसे तुझे स्वीकार हो' कविता भी ऐसी ही है। इनमें तत्सम शब्दों के अतिरिक्त प्रलम्बित वाक्य विन्यास भी दुरूहता का कारण है। छायावादियों का शब्दमोह तथा अबोध असामंजस्य जिस प्रेषणीयता में बाधक था, वहाँ प्रयोगवादियों की उलझी हुई सतर्क शाब्दिक मितव्ययिता आ टपकी। इन सभी कारणों ने मिलकर नये काव्य प्रयोगों को हृदयग्राही होने में बाधा पहुँचायी। दूरारूढ़ व्यंजनाएँ, लम्बी उपमाएँ, एक विशेष्य के साथ तीन-चार सूक्ष्म विशेषणों का प्रयोग, विलक्षण विरोधाभास, स्थान-स्थान पर कोष्ठकों के प्रयोग द्वारा मुख्य वाक्य को तोड़ना फलतः दूरान्वय दोष एक ही लम्बे वाक्य को बिना विराम चिह्नों के आठ-दस पंक्तियों में तोड़कर रखना, अधूरे वाक्य छोड़कर आगे बिन्दियाँ लगाना, अप्रचलित अंग्रेज़ी शब्दों को बीच-बीच में जड़ना, कभी-कभी अस्फुट स्वप्नों के प्रतीकों द्वारा मन की बात कहना, एक छोटी-सी बात कहने के लिए किसी अद्भुत वातावरण का पूरा परिपार्श्व खड़ा कर देना आदि अनेक नयी बातें ऐसी आ गयीं कि नयी कविता अबोध लगने लगी। ऐसे प्रयोग अज्ञेय ने बहुत किये हैं। 'बाहु मेरे रुके रहे' शीर्षक कविता में स्वप्न-प्रतीक को छोड़कर प्रायः ये सभी बातें मिल जायेंगी। स्वप्न-प्रतीक के लिए 'चार का गजर' शीर्षक कविता देखने योग्य है जिसमें अपने हृदयवासी प्रिय के चित्र, जो छायामय और मोह की यवनिका स्वरूप है, की बात कहने के लिए प्रत्यक्ष स्वप्न का पूरा साज सरंजाम खड़ा किया गया है।

नयी हिन्दी कविता में व्यंग

भाव की दृष्टि से व्यंग हास परिवार का है तो कला की दृष्टि से व्यंजना भूमि का। यों व्यंग्योक्ति के पद संचार के लिए सभी भावों के क्षेत्र खुले रहे और हमारे अधिकांश कवियों ने रति के ही अखाड़े में व्यंजना व्यायाम दिखाया परन्तु हिन्दी में 'व्यंग्य' शब्द रूढ़ हुआ तो हास ही के भीतर। शायद इसलिए कि हासगर्भी व्यंग्य सबसे अधिक मार्मिक और चामत्कारिक होता है। यह है लोक और वेद, व्यवहार और शास्त्र में अन्तर। क्यों न हम पारिभाषिक शब्द संघर्ष बचाने के लिए हासाश्रित व्यंग्योक्ति के लिए 'व्यंग्य' के स्थान पर 'व्यंग' शब्द का प्रयोग करें? तुलसी ने तो इसी अर्थ में 'बिंग' का प्रयोग किया है—

हरि के बिंग बचन नहिं जाही।

हमारे यहाँ देहात में भी 'बिंग' ही कहते हैं। संस्कृत में ऐसी उक्तियाँ 'वक्रोक्ति' अलंकार के उदाहरण में मिलती हैं। यों 'वक्रोक्तिजीवितकार' ने वक्रोक्ति को बहुत व्यापक बना दिया परन्तु काकु और वक्रोक्ति का प्रयोग 'हास' के ही भीतर अधिक हुआ। आज भी अधिकांश विनोद और परिहास की उक्तियाँ काकु और वक्रोक्ति का ही सहारा लेती हैं। अंग्रेज़ी का 'पन', 'रिपार्टी' तथा कुछ कुछ 'विट' इसी काकु वक्रोक्ति के समानार्थी ज्ञात होते हैं। लेकिन 'व्यंग' काकु वक्रोक्ति से व्यापक है। 'व्यंग' कोरा शब्द-चमत्कार और अलंकार प्रदर्शन मात्र नहीं रहा। अपने मूल रूप में इसका कलापक्ष भाषा की सर्वोत्कृष्ट शक्ति 'व्यंजना' पर निर्भर है। इसीलिए 'हिन्दी' में व्यंग का प्रयोग अंग्रेज़ी के 'सैटायर' शब्द के लिए किया जाता है। परन्तु अंग्रेज़ी में शास्त्रीय रूप से शब्द-शक्तियों का विचार न होने के कारण व्यंजना या 'सजेश्शन' मात्र

को 'सैटायर' का आधार नहीं मानते। फिर 'भाव' की दृष्टि से भी वे 'सैटायर' को चुभनेवाला या 'डंकीला' कहते हैं। हमारे यहाँ रस की सर्वोच्च स्थिति व्यंग्य में ही मानी गयी है चाहे वह कोई रस हो। अतः हास्य रस की व्यंग्योक्ति अर्थात् 'व्यंग' को भी रस दशा तक पहुँचाना उत्तम है। रस की अनुभूति 'आनन्दमय' मानी गयी है। इसलिए भारतीय साहित्य शास्त्र के अनुसार 'व्यंग' को डंकहीन तथा आनन्ददायक होना चाहिए। काव्य में वही व्यंग ग्राह्य है। अस्तु, व्यंग शब्द अंग्रेज़ी के 'सैटायर' शब्द से कुछ भिन्न तथा अधिक हुआ।

यह तो हुआ व्यंग की टेक्नीक का आधार। व्यंजना के भी विविध प्रकार हैं और उनमें से अधिकांश प्रयोगार्ह हैं। इसके लिए कोई शास्त्रीय विधि-विधान नहीं। अंग्रेज़ी के 'कैरीकेचर' और 'पैरोडी' जैसे शब्द। वर्तमान व्यंग कविता में कभी-कभी इन शैलियों का भी सहारा लिया जाता है। 'कैरीकेचर' तो चित्रकला के क्षेत्र में 'कार्टून' के नाम से व्यापक हो चला है, परन्तु शब्द-कार्टून में भी व्यंग का भाव निहित रहता है। रही 'पैरोडी'। इसके लिए हिन्दी में कुछ लोगों ने 'परिवृत्त काव्य' शब्द चलाया है। चाहे जो हो परन्तु आजकल 'पैरोडी' व्यंग की एक बहुप्रचलित टेक्नीक के रूप में स्वीकृत हो गयी है। यह दूसरी बात है कि हिन्दी में कितने लोग सही माने में 'पैरोडी' लिखते हैं। अनेक नवसिखुये भली-चंगी चालू कविता को क्षत-विक्षत तथा विकृत करना ही पैरोडी समझते हैं और एकाध शब्द निकाल उसकी जगह अंग्रेज़ी शब्द जड़कर अपने परिश्रम की इतिश्री समझते हैं। भले ही उनको इस नोच-खसोट तथा सँवार-सिंगार में कोई उद्देश्य न हो और न उस पैरोडी का कुछ अर्थ। मालूम होता है कि वे किसी कविता का उपहास करके ही लोगों को हँसाना चाहते हैं परन्तु कविताओं को बिगाड़ने वाले ऐसे कवि उपहासास्पद ही नहीं आक्रोशास्पद भी हैं। वस्तुतः 'पैरोडी' एक प्रकार का अनुकरण है किन्तु उसकी मौलिकता उस सूक्ष्म परिवर्तन में है जिससे मूल का अर्थ हास्यपूर्ण हो उठे। ऐसे परिवर्तन में एक प्रकार की नियन्त्रित अतिशयोक्ति निहित रहती है। चूँकि पैरोडी आलोचनात्मक होती है इसलिए यह व्यंग की तरह सोद्देश्य और चुभनेवाली भी होती है। मूल से सर्वथा भिन्न हो उठने वाला अनुकरण पैरोडी के अन्तर्गत नहीं आ सकता। इसी प्रकार व्यंग की और भी कई टेक्नीक हैं।

मनोवैज्ञानिक दृष्टि से भी व्यंग पर विचार करना समीचीन है। व्यंग का स्थायी भाव है हास और हास का आलम्बन है असंगति (इनकांग्रुइटी)। जहाँ दो वस्तुओं में संगति बैठती दिखायी नहीं देती वहीं हँसी आती है। चाहे वह किसी व्यक्ति का रूप हो या वेशभूषा अथवा भाषा। पैरोडियों या प्रहसनों में असंगत खिचड़ी भाषा रखने का यही रहस्य है और प्रहसनों में भी विचित्र स्वाँग रचने का यही कारण। प्राचीन संस्कृत और हिन्दी साहित्य में शिव के विरूप रूप तथा सर्प आदि से युक्त वेशभूषा का वर्णन इसी असंगति से प्रेरित है। इस असंगति में चार चाँद लगा देता है उनका 'कोउ मुखहीन विपुल मुख काहू' वाला परम तरंगी भूत-प्रेत समाज। असंगत आलम्बन के चित्रण में विश्वसनीय अतिशयोक्ति का सहारा सभी लेते हैं। सामान्य विनोद में इस असंगति के प्रति प्रायः राग का ही भाव छिपा रहता है परन्तु व्यंग में उस असंगति के प्रति द्वेष का भाव दिखायी पड़ता है। व्यंगकार आलम्बन के असंगत चित्रण द्वारा उस पर प्रहार करता है। परन्तु उन्मुक्त क्रोध में व्यंग असम्भव है। व्यंग तो पीड़ाजन्य क्रोध के अभिभूत अथवा तिरोभूत होने पर उत्पन्न होता है। इसीलिए कोरा भावुक व्यक्ति व्यंग नहीं लिख सकता। कह सकते हैं कि व्यंग मस्तिष्क के हृदय से निकलता है। एक ओर व्यंग के लिए बौद्धिक दृढ़ता अपेक्षित है तो दूसरी ओर हार्दिक तीक्ष्णता। इसीलिए व्यंग का प्रभाव दर्दभरी मुस्कान-सा होता है, अट्टहास-सा नहीं। व्यंग का रस आश्रय के साथ-साथ आलम्बन भी होता है—जिस पर व्यंग किया जाता है वह भी हँसता है, सुननेवालों के साथ-साथ। इधर व्यंग के लिए ऐसी बौद्धिक तटस्थता या अनासक्ति अपेक्षित है कि व्यंगकार स्वयं अपने ऊपर भी व्यंग कर सके। सच तो यह है कि जो अपने ऊपर व्यंग नहीं कर सकता वह दूसरों पर भी व्यंग नहीं कर सकता। गाली भले दे ले।

इससे स्पष्ट हो जाता है कि व्यंग समानुभूतिक तथा सहानुभूतिक नहीं है। इसीलिए इसका सामाजिक क्षेत्र संकुचित होता है। यों भी कोई चौबीसों घण्टे प्रेम विभोर हो सकता है, करुणा में सराबोर भी रह सकता है परन्तु चौबीसों घण्टे व्यंग करता या सुनता नहीं रह सकता। शायद इसलिए कि ये आनन्द-दशा या तो निम्न कोटि की होती है या क्षणिक। तभी तो साहित्य में व्यंग युग कभी स्वर्ण युग नहीं गिना गया।

काव्य में तो व्यंग बहुत कम अपनाया गया है क्योंकि बौद्धिक होने के कारण वह गद्योपयुक्त अधिक है।

हिन्दी साहित्य के नये युग को हम व्यंग-युग कह सकते हैं। संघर्ष और शोषण के समय वातावरण व्यंग के अनुकूल रहता है। छायावादी भावुकता में असशक्त निराशा इतनी अधिक थी कि रोने से किसी को फ़ुरसत ही नहीं। परन्तु धीरे-धीरे जब विदेशी शासकों और देशी पूँजीपतियों के शोषण ने सजल हृदय को भी पत्थर बना दिया तो बौद्धिकता ने भावुकता का स्थान लिया। प्रगतिवादी आन्दोलन के आरम्भ में कवियों का भावुक हृदय इतना क्रुद्ध था कि अत्याचारियों के प्रति गालियों से भरे भाषण-काव्य ही अधिक निकले। किन्तु धीरे-धीरे बासी कढ़ी का वह क्षणिक उबाल शान्त हुआ। भीतर ही भीतर वक्ष दग्ध होने लगा। कविता लिखना असम्भव हो चला। ऐसे समय व्यंग ही सबसे बड़ा अस्त्र सूझ पड़ा। व्यंग के लिए इससे भी अच्छा वातावरण भारत की विभाजित स्वतन्त्रता के बाद मिला। भूखे स्वराज्य में अपने रक्षकों को भक्षक बनते देखकर जी तिलमिला उठा। अब अपनी आलोचना करें तो किससे! आत्मव्यंग सबसे कठोर होता है क्योंकि उसमें सबसे अधिक स्वतन्त्रता होती है। फलतः विदेशी शासकों पर व्यंग करने वाली जीभ अपने शासकों पर अधिक पैनी होकर पड़ी। इन नेताओं के बड़े-बड़े पुराने वादों और बड़े-बड़े नये कुकृत्यों में विरोध देख-देखकर व्यंग और तीखा हो उठा। ऐसे समय या तो 'महाभारत' जैसी गम्भीर तथा शक्तिपुंज कृति की रचना होनी चाहिए या छोटे-छोटे व्यंग बुझे पद्यों की। परन्तु विश्लेषण प्रधान युग होने के कारण बड़ी रचना के लिए समय नहीं। इसलिए छोटे-छोटे व्यंग काव्य ही अधिक उपयुक्त हैं। टेक्नीक की दृष्टि से भी इस युग में कविता की शुष्क गद्यात्मकता को मार्मिक बनाने के लिए व्यंग का सहारा लेना आवश्यक है।

नयी हिन्दी कविता में शुद्ध व्यंग कवि तो कोई नहीं परन्तु व्यंग कविता में कम नहीं है। कविता के क्षेत्र में तो राजा, सम्राट, हिज़ हाइनेस, हिज़ मैजेस्टी जैसी श्रेणियाँ नहीं जो निराला जी को व्यंग-सम्राट कहूँ परन्तु इतना अवश्य है कि अब तक के प्रकाशित व्यंगकाव्यों में निराला जी ने सबसे अधिक टेक्नीक तथा शक्ति का परिचय दिया। वे छायावादी युग

से ही व्यंग की बौछारें करते रहे हैं। अनामिका में 'दान' 'मित्र के प्रति', 'वनबेला', 'हिन्दी सुमनों के प्रति' तथा 'सरोज स्मृति' जैसी कविताओं में स्फुट व्यंग आये हैं। सन् 1935 से ही निराला जी ने कविता में व्यंग लेखन का प्रयोग शुरू कर दिया था। फिर तो 'तुलसीदास' और 'अणिमा' जैसी पुस्तकों में भी यह प्रवृत्ति झलके बिना न रही। सबके बाद व्यंग का विस्तृत दर्शन 'नये पत्ते' में हुआ। अनामिका काल के व्यंग कुछ तो वैयक्तिक थे और कुछ सीधे आरोप की तरह जैसे वनबेला में। जहाँ उनके साहित्यकार के 'अहं' को ठेस लगी वहाँ वे उबल पड़े। उन दिनों वे अपने साहित्यिक विरोधियों तथा उपेक्षा करने वाले सम्पादकों की ही ख़बर अधिक ले रहे थे। 'मित्र के प्रति' तथा 'हिन्दी सुमनों के प्रति' जैसी कविता में टेक्नीक की दृष्टि से सांग-रूपक व्यंग के तीखेपन में बाधक हो गया है। परन्तु उस समय भी उनका दृष्टिकोण व्यापक था। आर्थिक विषमताओं पर उनका ध्यान तभी से है। किन्तु उस समय भक्ति की आशा में शिव को बारहों मास भजने वाले, रामायण का पारायण करके श्रीमन्नारायण जपने वाले राम भक्त द्विज को मानव की अपेक्षा करके वानर भोज देते देखकर केवल इतना ही कहा—'धन्य, श्रेष्ठ मानव!' उस समय तक व्यंग की वही पुरानी परिपाटी थी कि किसी धिक्कारने योग्य कृत्य पर 'धन्य' कहकर व्यंग किया जाय। 'नये पत्ते' तक आते-आते व्यंग और तीखा तथा आक्रामक हो गया—अशक्तिसूचक नहीं रहा। 'अनामिका युग' में भी 'कैरीकेचर' द्वारा व्यंग करने की शैली का प्रयोग निराला जी ने किया था। पत्रकारों के बीच उनके कैमरा के सम्मुख विभिन्न 'पोज़' देने वाले नेताओं का यथार्थ चित्रण किया है—

दौड़ते सभी, कैमरा हाथ, कहते सत्वर
निज अभिप्राय, मैं सभ्य मान जाता झुककर
होता फिर खड़ा इधर को मुख कर कभी उधर
बीसियों भाव की दृष्टि सतत नीचे ऊपर;

इसके बाद उनके गोल-गोल शब्दों में मर्मान्तक वक्तव्य देने की बात भी चित्रण से नहीं छूटी है। उच्चवर्गीय फ़ैशनेबुल समाजवादियों का व्यंग चित्र खींचने में निराला जी ने पहले ही से सतर्कता दिखायी है।

'मास्कोडायलॉग्स' वाले गिडवानी जी के चित्रण में भी यही शैली अपनायी गयी है परन्तु वहाँ उत्तम पुरुष की जगह नाटकीयता का सहारा लिया गया है।

शुद्ध हास का परिचय 'सरोज स्मृति' वाले भावी काल्पनिक देहाती दामाद के चित्र में है। वहाँ व्यंग का आधार है असंगत उपमा। बिवाई के फटे पैरों के लिए 'जमुना के कछार' और 'उधार खाये आदमी के खुले मुख' की उपमा देना फिर उनकी तेल पिये चमरौधे जूते वाली घोर गन्ध का चित्र! अन्त में वर वौराह 'शिव' के प्रसंग गर्भत्व से सारा व्यंग पवित्र हो उठा है—

ऐसे शिव से गिरजा-विवाह
करने की मुझको नहीं चाह!

'सरोज स्नृति' के करुण परिपार्श्व में बिखरे हुए व्यंग बड़े मार्मिक हो उठे हैं। रचनाओं को बिना समझे हुए 'सत्वर' पढ़कर वापस कर देने वाले 'निरानन्द सम्पादकगण' के पत्र लेखन की भी ख़बर ली गयी है—'दो एक-पंक्ति—दो में उत्तर'।

यों तो अणिमा में गीत हैं, परन्तु 'बोलते हैं लोग ज्यों मुँह फेरकर' जैसी पंक्ति में 'मनस्यनत् वचस्यनत् कर्मण्यन्यत्' लोगों पर चलते-चलते एक छींटा दे दिया गया है। उसी में 'ब्याही' को छोड़कर बाज़ार में नज़ारा मारने वालों को याद किया गया है।

अगर छोड़ गयी तो मैं सिंह से हूँ स्यार!

जिस कविता से निराला जी ने व्यंग के नवयुग की घोषणा की वह है 'कुकुरमुत्ता'। प्रतीकात्मक व्यंग जिसे सजीव बनाने के लिए उसमें कथा का सूत्र पिरो दिया गया है। कथोपकथन से टेक्नीक निखर उठी है। यहाँ भी 'जुही की कली' वाले हृदयों में असंगत प्रतीक 'कुकुरमुत्ता' के द्वारा हास की भूमिका तो बँधी ही गयी, शोषक का प्रतिनिधित्व भी कराया गया परन्तु व्यंग को इतना व्यंग्य कर दिया गया कि तीक्ष्णता नहीं रही। कुकुरमुत्ता की लम्बी-चौड़ी अहंभरी बहक में नये समाजवादी पर किया गया व्यंग बहुत कम लोग भाँप पाते हैं। सभी लोग नवाब साहब की उस आज्ञा में ही व्यंग ढूँढ़ते हैं कि गुलाबों को उखाड़कर कुकुरमुत्ता लगाओ! व्यंग की लघुता का यहाँ

सर्वथा अभाव है और भाषा की कृत्रिमता तथा अंग्रेज़ी-फ़ारसी की बहुलता नये समाजवादी की खिचड़ी भाषा पर व्यंग करने के लिए जुटाई गयी भले कही जाय परन्तु व्यंग के साधारणीकरण में बाधक है।

इससे अधिक सफल तो 'मास्कोडायलॉग्स' वाले गिडवानी का व्यंग चित्र है जहाँ दिखाया गया है कि कामरेड साहब अपने काम की बात कैसी नाटकीय भूमिका के साथ अन्त में कहते हैं। कोई समाजवादी पुस्तक लेकर किसी से मिलने जाना, बड़े-बड़े नेताओं से सम्बन्ध बताना, बताते समय नम्रतासूचक हल्की मुस्कान, समयाभाव की सूचना, अपने भाई को धनाढ्य बताकर बहाने से अपने को उच्चकुलीन व्यंजित करना परन्तु रक्षा का उपाय रखना कि मैं थोड़े बँगला बनवा रहा हूँ वह तो मेरे भाई का है, फिर पूँजीपतियों को झँसने की मन्त्रणा, अन्त में उस व्यक्ति को भी आर्थिक लालच देकर काम की बात कहना और काम क्या कि लिखते हैं 'पृय असनेहमयी स्यामा मुझे प्रेम है' जैसी हिन्दी और प्रसिद्ध लेखक से शुद्ध कराकर लेखकों में नाम लिखाना चाहते हैं। इस कविता में व्यंग बहुत ही सूक्ष्म है।

गाँधीवादियों को भी लगे हाथों लिया गया है जो 'बीसियों भी पर्तों के भीतर खुले हैं जिनकी एक-एक पर्त विलायती लोग हैं' और जो ज़मींदारों के रुपयों से चलते हैं। नशाखोरी की पिकेटिंग की भावुकता पर तो व्यंग करते हुए यहाँ तक कह दिया गया है कि आज़ादी भी गाँजा भाँग की तरह एक नशा है! व्यंग्य यह है कि इसमें कोई चेतना जागरण नहीं बल्कि क्षणिक नशीला 'हाँक' है।

निराला जी ने भी 'पैरोडी' लिखी है—रवि ठाकुर की 'विजयिनी' पर 'खजोहरा' शीर्षक से। इसमें 'बुआ' के कामोन्माद की तो ख़बर ली ही गयी है, बीच-बीच में दूसरों पर भी एक-एक छींटा। इस कविता में सारा हास उपमाओं की असंगति पर खड़ा किया गया है।

जैसे— *फिर भी यह बस्ती है मोद पर*
नातिन जैसे नानी की गोद पर

मेढक एक बोलता है जैसे सुकरात
दूसरा फलातूँ सुन रहा है बात।

बुआ ताल में पैठीं जैसे हथिनी
डर के मारे काँपने लगा पानी

लहरें भगीं चढ़ने को किनारे पर।
मात नील गाय को करती वे भगीं।

यहाँ नैहर में वधू के उन्मुक्त आचरण के साथ-साथ काल्पनिक मनोरम नायिका भेद पर भी व्यंग है। नायिका भेद में बुआ जैसी नायिका खोजे न मिलेगी। इस कविता में लगे हाथों हाईकोर्ट के वकीलों पर काले बादलों की उपमा द्वारा जो व्यंग किया गया है वह अलबत्ता तीखा है—

जहाँ पानी भरा वहाँ टूट पड़े
क़हक़हे लगाते हुए छूट पड़े।

बादलों के गर्जन और वकीलों के अट्टहास पर ख़ूब व्यंग है! उत्प्रेक्षाओं और उपमाओं के चमत्कार वाला व्यंग स्फटिक शिला में भी है बैलगाड़ी को खय्याम की रुबाई कहना तथा करवी में पेशवों के मिले पर कुछ अरबी में लिखा देखकर कहना कि—

रात में ऐसा दिखा
क़िस्मत में जैसे कुछ हो लिखा।

कच्चे चबूतरे पर पत्थर के महादेव—जैसे 'पक्का भाव' और उससे ज़मीन पर दख़ल जमाने की चाल पर व्यंग। हाथ चमका-चमका कर गाली देने वाली कुरूप शूद्रा की उत्प्रेक्षा नर्तिका अप्सरा से देना आदि विनोद के मसाले हैं। अन्त में जयन्त और सीता की कथा द्वारा हिन्दुओं की धर्म भावना पर व्यंग! कुछ लोगों को इसमें अश्लीलता दिखायी देती है परन्तु यौन-चर्चा से अधिक अश्लील है उसे चुपचाप ढक देना। व्यंगकार निराला ने तो इसी पर प्रहार किया है जैसे 'प्रेम संगीत'। 'ख़ुशख़बरी' कविता का शीर्षक ही इतना व्यंगात्मक है कि पूरी कविता और भी चमक उठती है।

यहाँ भी युवकों की सिनेमाप्रियता पर व्यंग करने के लिए जिस भाषा का व्यवहार किया है वह असंगत रूपकों तथा उपमाओं से सुदृढ़ हो गयी है—

वीर राग के लिए दरबारी विशेषण, सत्य को सिनेमा की नटी से उपमित करना, गली-गली गले के गोले दगने में स्वर का रूपक गोला चुनना, सितार के तार पर संग्राम छिड़ना तथा देविका रानी और उदयशंकर के पीछे देश के आधे लोगों का विदेश के लिए रवाना होने की इच्छा प्रकट करना आदि उक्तियाँ अतिशयोक्तिपूर्ण होने पर भी मर्यादित हैं। जहाँ संक्षेप में पूरे भारतीय इतिहास और मानव सभ्यता की कहानी को संकेतात्मक ढंग से कहकर व्यंग किया गया है वह भी नयी टेक्नीक है। गोंडयित के सामने ग्रामीणों की कायरता पर प्रतीक पद्धति से व्यंग किया गया है—

पास का मेढक थाले के पानी से उठकर
मूत मूत कर छलाँग मारता चला गया।

वहीं, अपने पुराने कवियों पर व्यंग करते हुए निराला कहते हैं—

किसी ने नसें टोईं, कमल देखे, विहार किया, अँगूठे चूभे।

कुल मिलाकर निराला जी के व्यंग में रुक्षता और कठोरता की जगह मानव के प्रति स्निग्ध सहृदयता तथा सजल करुणा का भाव है 'कुत्ता भौंकने लगा' जैसी कविता इसका उदाहरण है। ऐसा लगता है कि जहाँ उनके 'चरण स्वच्छन्द' हो गये हैं वहाँ व्यंग के नूपुर के स्वर भी ख़ूब मुखर हो उठे हैं। 'नये पत्ते की मार' इसीलिए नुकीली है जबकि अनामिका की छन्दोबद्ध रचनाओं में कुण्ठा है।

छायावादी कवियों में पन्त जी का 'पल्लव' की भूमिका वाला व्यंगकार वर्षों बाद 'ग्राम्या' के पद्यों में जाग उठा। उन्होंने गाँजा, ताड़ी, ठर्रा पीने वाले ग्राम देवता को धिक्कारा, पति के घर जाती हुई ग्रामवधू के नक़ली रुदन पर फ़बती कसी, आधुनिका नारी के सौन्दर्य-प्रसाधन की चुटकी ली और 'खैर पैर की जूती जोरू न सही एक दूसरी आती' जैसी ग्रामीण-उक्ति उद्धृत कर समाज की नारी उपेक्षा पर व्यंग किया। परन्तु व्यंग की सबसे सुन्दर टेक्नीक वहाँ दिखायी पड़ी जहाँ वे ढिबरी के उजाले में उच्च विचारों में लीन पंसारी के क्षणिक आदर्शवाद की पोल खोलते हैं।

पंसारी मानवत के ईमानदारी आदि उच्च विचारों में लीन है कि एक बुढ़िया आधा पाव आटा लेने आती है और वह बनिया सब कुछ भूलकर डण्डी मार बैठता है। यह पूरे मध्यवर्ग की उस विवशता पर व्यंग है जो अपने अर्थाभाव के कारण ईमानदार होना चाहते हुए भी बेईमान होने के लिए विवश है। परन्तु पन्त जी इतने भावुक हैं कि उनकी वह बौद्धिकता शीघ्र ही समाप्त हो गयी और वे आगे वैसा व्यंग न लिख सके।

पुराने लोगों में श्रीनारायण चतुर्वेदी, प्रिंसिपल मनोरंजन और बेढब बनारसी हैं जिन्होंने अकबर इलाहाबादी की टेक्नीक में कुछ छोटी-छोटी व्यंग कविताएँ लिखी हैं और कुछ 'पैरोडी परेड' प्रदर्शित किया है। परन्तु जीवन से दूर केवल शब्द चमत्कारजन्य हास रहने के कारण ये कविताएँ उच्च व्यंग में नहीं आतीं। बेढब जी के व्यंग की कुंजी हैं असंगत उपमाएँ—गद्य में भी पद्य में भी। गद्य में वे चमक उठती हैं परन्तु छन्दोबद्ध पद्य में छिप जाती हैं। इनकी देखादेखी अपनी सबला पत्नी के काल्पनिक अत्याचारों पर लोगों ने इतना अधिक लिखना शुरू कर दिया कि अब वह उक्ति बासी हो गयी। इन्हीं के अनुकरण पर लिखी कुछ लोगों की तथाकथित व्यंग कविताएँ प्रचलित अंग्रेज़ी शब्दों के तमगे लगाकर कवि-सम्मेलनों में थिरकती दिखायी पड़ती हैं।

जीवन्त व्यंग लेखक दो ग्रामकवि—चन्द्रभूषण त्रिवेदी 'रमई काका' तथा वंशीधर शुक्ल हैं। बैसवाड़ी और अवधी की पैनी धार के कारण इनके व्यंगवृत्त सीधे चुभते हैं। निराला जी के व्यंगों में भी यहीं से शक्ति आयी है। रमई काका ने तो भोले ग्रामीण के मुख से नगर की 'विलैती' सभ्यता पर ख़ूब बौछारें की हैं। ग्रामीण को जगह-जगह शहर में 'ध्वाखा' हो जाता है। वंशीधर शुक्ल ने भी कवि-सम्मेलन, मुशायरा लीडर और राजा साहब की ख़बर ली है। इन दोनों कवियों ने 'व्यंगवृत्त' लिखा है जिसमें रोचक वर्णन द्वारा यत्र-तत्र व्यंग किया गया है। छिटपुट भोजपुरी गीतों में भी कहीं-कहीं व्यंग सुनायी पड़ जाते हैं। इन्हें सुनकर कहना पड़ता है कि खड़ी बोली में अभी अन्य बोलियों की सी व्यंगोपयुक्त शक्ति नहीं आयी है।

नये कवियों में अज्ञेय ने मीठे और महीन व्यंग लिखे हैं। गम्भीर कविताओं में भी व्यंग का सफल समावेश वहाँ दिखायी पड़ता है। 'तीसरा पक्षी' में प्रतीकात्मक ढंग से क्षुत्क्षाभ समाज की दशा से उदासीन छायावादी कवि पर तथा 'शिशिर की राका निशा' में राजकवि, चारण कवि, भक्त कवि के साथ-साथ वेदनाप्रिय, अलस तन्द्रिल कल्पना के लाड़ले निपट भावावेश से निर्वेद छायावादी कवि की भी ख़बर ली गयी है जो समाज की यथार्थ विद्रूपता से आँख मूँदकर काल्पनिक प्राकृतिक सौन्दर्य में डूबे रहते हैं। सफल व्यंग की नयी टेक्नीक 'वर्ग भावना : सटीक' में दिखायी पड़ती है—

अवतंसों का वर्ग हमारा खड्गधार भी न्यायकार भी।
हमने क्षुद्र तुच्छतम जन से बाँट लिया श्रमभार भी सुखभार भी।
बल्कि बढ़ गये हैं आगे भी—हम निश्चय ही हैं उदार भी।

टीका—(यद्यपि भाष्यकार है दुर्मुख)

हम लोगों का एकमात्र श्रम है—सुरति श्रम
उस अन्त्यज का एकमात्र सुख है—मैथुन सुख!

उच्चवर्गीय छद्म समाजवादी व्यक्ति की आत्म प्रशंसा (जिसका कोई अन्त नहीं) पर टीका के द्वारा दुहरा व्यंग किया गया है। एक तो उच्चवर्ग द्वारा निम्नवर्ग का श्रम-भार के साथ 'सुख भार' बाँटना स्वयं व्यंग है; दूसरे अपने श्रम के लिए केवल 'सुरति भ्रम' का श्रम चुनना तथा मज़दूरों के लिए अन्य सभी शारीरिक श्रम करने का निर्णय देना और स्वयं धनजन्य ऐशोआराम का सुख चुनकर मज़दूरों के लिए केवल 'मैथुन सुख' रख छोड़ना भी व्यंग है। गहरा व्यंग इस बात में है कि श्रम के नाम पर 'मैथुन सुख' तथा सुख के नाम पर 'धन-सुख' इस प्रकार सभी प्रकार का सुख तो धनी लोग अपने लिए रख लेते हैं तथा मज़दूरों के लिए सारा श्रम और अधिक से अधिक बच्चा पैदा करने का सुख छोड़ देते हैं। यह है उनका न्याय! अंग्रेज़ी राज्य के कलक्टर की तरह वे पुलिस के अफ़सर भी हैं और मजिस्ट्रेट भी! ख़ुद ख़ून करते हैं और ख़ुद ही उसका फ़ैसला भी।

'शरणार्थी' में प्रतीकों के द्वारा अज्ञेय ने स्थल-स्थल पर व्यंग किया है। 'समान्तर सर्प' के शीर्षक कविता में हिन्दू और मुसलमान पूँजीपति दो सर्प

के प्रतीकों से चित्रित हैं जिनकी गुंजलक में क्रमशः मुसलमान और हिन्दू शरणार्थी ऐंठ रहे हैं। परस्पर बातचीत के सिलसिले में दोनों कहते हैं—

आजकल का चलन है—सब जन्तुओं की खाल पहने हैं :

गले गीदड़ लोमड़ी की,
बाघ की है खाल काँधों पर
दिल ढँका है मेड़ की गुलगुली चमड़ी से
हाथ में थैला मगर की खाल का,
और पैरों में—
जगमगाती साँप की केंचुल
बनी है श्रीचरण की सैंडल।

पशुओं का नाम यों ही नहीं है बल्कि इनके संकेत से मनुष्य के गले का स्वर, हृदय की दुर्बलता, हाथ और पैर की हिंस्र भावना व्यंजित है। उसी में एक जगह आता है कि आज का आदमी रूढ़ि के नाखून पर मरजाद की मखमल चढ़ाकर शिकार कर रहा है। अज्ञेय का ही यह साहस है जो आत्म-व्यंग भी कर सकें। 'चार का गजर' में स्वप्नप्रतीक के द्वारा परन्तु 'समाधि लेख' में तो साफ़-साफ़ व्यंग करते हैं—'हुआ विज्ञ सो यह रहा अज्ञेय'! 'पैरोडी' भी अज्ञेय ने लिखी है—दो। एक तो 'जयतु हे कंटक चिरन्तन' जो अपनी ही कविता पर आत्मोपहास है; दूसरी 'पाँच पूत हिन्दी बुढ़िया के' जो टेक्नीक की दृष्टि से नयी होती हुई भी वैयक्तिक तथा अधिक संगगर्भित है।

प्रगतिवादियों में रामविलास शर्मा, प्रभाकर माचवे, केदारनाथ अग्रवाल और त्रिलोचन ने काफ़ी व्यंग लिखे हैं। रामविलास शर्मा गद्य जैसा तीखा व्यंग पद्य में नहीं लिख पाते। शायद पद्य के घेरे में आकर उनकी व्यंग बुद्धि बगलें झाँकने लगती है। वे 'सत्यं शिवं सुन्दरं' के द्वारा 'शुद्ध कला के पारखियों' पर व्यंग तो करते हैं परन्तु अन्त में उपदेश भी देने से नहीं चूकते। उन्हें शंका होती है कि कहीं व्यंग को लोग अभिधार्थ में न ले लें। मचवे की तरह उनका व्यंग भी पुस्तकी है। पुस्तक-सा ही निर्जीव और पाण्डित्यपूर्ण उद्धरण बोझिल! जैसे 'मैं और खाली की प्याली' में। इधर उन्होंने जो कुछ 'पैरोडी' लिखी उसमें भी निष्प्रभ व्यंग है।

'कविता क्या है' पर गम्भीर आलोचनात्मक सूक्तियों तथा यथार्थ निम्न दशा के द्वारा व्यंग किया गया है—

कविता क्या है? कहते हैं जीवन का दर्शन है आलोचन
(वह कूड़ा जो ढँक देता है बचे-खुचे पत्रों-के स्थल)
कविता क्या है? स्वप्न ख़ास है उन्मन कोमल
(जो न समझ में आता कवि के भी ऐसा है वह मूरखपन)
कविता क्या है? आदिम कवि की दृग झारी से वरसावारी

(वे पंक्तियाँ जो कि गद्य हैं कहला सकती नहीं बिचारी)

कोष्ठकों द्वारा अपनी व्यंग 'टीका' देने की टेक्नीक सर्वथा नयी है। कहीं-कहीं 'करुणा के आँगन में नेता, दे थोड़ी सी भेज शरम' जैसी चुभती हुई व्यंगात्मक पंक्तियाँ उनमें मिल जाती हैं परन्तु कम।

त्रिलोचन के व्यंग प्रकाश में बहुत कम आये हैं परन्तु हैं वे निराला जी की तरह के। 'तुलसी बिहारी और नारी' कविता में उन्होंने दोनों कवियों की ख़ूब ख़बर ली है। परन्तु ऐसी आलोचनात्मक उक्तियों का उपयुक्त स्थान गद्य है, पद्य नहीं। ग्राम के सीधे-सादे चरित्रों के रेखाचित्र द्वारा इस कवि ने अनेक प्रथाओं पर व्यंग किया है—'मंगल काका' पर लिखते हुए—

कभी किसी से मिलने को
कुछ और रूप वे नहीं बदलते।

'चम्पा' रेखाचित्र द्वारा उस छोटी गँवई लड़की पर व्यंग किया गया है जो पढ़ने-लिखने से दूर रहने के लिए गाँधी बाबा तक के प्रति कहती है, "गाँधी बाबा अच्छे हैं, वे पढ़ने-लिखने की कैसे बात करेंगे"। साथ ही 'दिन भर कागद गोदने वाले' शिक्षित सज्जन की युक्तियों पर भी व्यंग कसा गया है। एक कविता में वर्तमान ऊटपटाँग चित्रकला पर व्यंग करते हुए कवि लिखता है—

मैंने कहा नम्रता से
"चित्रकार!
मतभेद का रबर
क्या इतना फैल सकता है—

कोई कहे आदमी है
कोई कहे घोड़ा है।"

सीधी-सादी सरलता इन व्यंगों की विशेषता है।

प्रगतिवादियों ने व्यंग के लिए जिसके नाम का डंका अधिक पीटा वे हैं बुन्देलखण्डी केदार। इनका 'भदेसी' व्यंग यदि गाली की सीमा में घुसने से बच गया तो भला समझिए। लेकिन मुश्किल तो यह है कि जहाँ ये सीधे कहते हैं वहाँ गाली हो जाती है और जहाँ अन्योक्ति पद्धति से व्यंग करते हैं वहाँ कुण्ठा आ जाती है। दोनों दोषों से रहित व्यंग बहुत कम हैं। 'युग की गंगा' में जितनी व्यंग कविताएँ हैं उनमें से अधिकांश धर्म सम्बन्धी हैं—वरदान, सोने के देवता, देवमूर्ति, चित्रकूट के बौड़म यात्री, देवताओं की आत्महत्या, अमीनाबाद आदि। कहीं स्वर्ण सिंहासन पर पाषाण मूर्ति देखकर ग़रीब माँ अपने पुत्र से पाषाण प्रसव का वरदान माँगती है तो कहीं सुनार के आर्तनाद पर कोयले की आग में सुनहले ठाकुरजी के पिघलने को दीन मानव जाति का स्वर्ण दिन कहकर व्यंग किया जाता है। देवताओं की आत्महत्या दिखाकर किसानों द्वारा 'धर्मोपेक्षा' संकेतित है। बुन्देलखण्ड के आदमियों की कायरता पर व्यंग करते हुए कवि कहता है—

घण्टों आल्हा सुनते-सुनते
सो जाते हैं मुरदा जैसे।

स्वतन्त्रता की याचना वाली गाँधीवादी नीति पर व्यंग करने के लिए 'लाकेट लूँगी' कहकर मचलने वाली बच्ची का चित्रण हुआ है! इसी प्रकार गाँधी-पटेल-नेहरू के भरोसे भारत की स्वतन्त्रता छोड़ने की बात 'देवागमन' में व्यंजित है। सीधा व्यंग है।

'पैतृक सम्पत्ति' जो एक ग़रीब पुत्र को मिलती है—

कंचन सुमेरु का प्रतियोगी
द्वारे का पर्वत घूरे का

दीमक गोजर मच्छर माटा
ऐसे हजार सब सहवासी

बस यही नहीं, जो भूख मिली
सौगुनी बाप से अधिक मिली।

वैपरीत्य के द्वारा व्यंग का यह सुन्दर उदाहरण है।

जोगीड़ा भी एक प्रकार का व्यंग काव्य है जो फाग के अवसर पर गाया जाता है जवाब-सवाल के रूप में। 'फगुआ के व्यंग' शीर्षक से सामान्य जन की रुचि के लिए कुछ नयी टेक्नीक की प्रचारात्मक कविताएँ लिखी हैं। नमूने के लिए—

कहता है 'केदार' सुनो जी मन्त्री हैं सरनाम
वह लोगों के कहने से कब होते हैं बदनाम

वर्तमान 'लोकप्रिय' मन्त्रियों के लोक मत-विरोध पर व्यंग।

इस प्रकार अनेक व्यंग कवि ऐसे हैं जो प्रकाश में नहीं आये हैं। परन्तु हिन्दी की नयी कविता में व्यंग की इन प्रवृत्तियों को देखते हुए लगता है कि इस ओर कवियों का ध्यान अवश्य है। स्वर संयत होने पर अभी व्यंग का निखार और होगा। ज्यों-ज्यों कविता की भाषा ग्रामीण बोलियों के निकट जायेगी व्यंग की भाषा और निखरेगी। इतना निस्संकोच कहा जा सकता है व्यंग की दृष्टि से नयी हिन्दी कविता पिछले युगों से काफ़ी धनी है।

20 जनवरी, 1950

साहित्यिक यथार्थ और प्रगतिवाद

श्री सम्पादक
कल्पना,

आपने अपने अक्टूबर वाले सम्पादकीय में 'साहित्यिक यथार्थ' की विशद व्याख्या द्वारा जो चराचर के दृश्य-अदृश्य, मूर्त-अमूर्त रूपों के अंकन तथा समस्त प्राणियों—विशेषतः मानव की त्रैकालिक भावनाओं और कल्पनाओं के चित्रण की याद दिलाई है वह आप जैसे भारतीय साहित्य की महान परम्परा के संरक्षक के सर्वथा योग्य है। प्रसंगतः 'तथाकथित' प्रगतिवादी समीक्षकों के संकीर्ण दृष्टिकोण का निरसन करके भी आपने जागरूक सम्पादक का उत्तरदायित्व पूरा किया है। यथार्थ के नाम पर केवल 'आर्थिक और वर्गिक संघर्ष का चित्रण' 'बार-बार एक ही दृश्य को एक ही कोण से प्रतिचित्रित करना', 'साहित्यकार को केवल कैमरा बना देना', 'रोमानी भावनाओं का सर्वथा बहिष्कार' आदि सचमुच अनुचित है। इनकी रोक-थाम होनी ही चाहिए। आपने यह आवाज़ बड़े वक़्त से उठाई है। हमारे साहित्य में इस प्रवृत्ति को प्रश्रय देने वाले कुछ कवि, कथाकार तथा आलोचक अवश्य हैं। सम्भव है, वे अपने को प्रगतिवादी भी कहते हों। लेकिन आपकी सूक्ष्म दृष्टि ने उन्हें अच्छी तरह पहचाना है और उन्हें 'तथाकाथित प्रगतिवादी' कहकर आपने 'प्रगतिवाद' की मर्यादा रखी।

अब कहना यह है कि यथार्थ सम्बन्धी आपके विचारों को पढ़कर प्रगतिवाद के परिचित पाठकों को तो नहीं, लेकिन अपरिचित पाठकों के मन में शायद यह जिज्ञासा हो कि यथार्थ के सम्बन्ध में आख़िर प्रगतिवादी समीक्षकों के क्या विचार हैं। इसलिए मैं आपके सधर्मा अन्य प्रगतिशील

समीक्षकों के तद्विषक विचारों का उल्लेख आवश्यक समझता हूँ। सबसे पहले कालक्रम से बिना किसी टीका-टिप्पणी के हिन्दी के तीन प्रगतिशील समीक्षकों के मत उद्धृत कर रहा हूँ।

1. 'इसका यह अर्थ नहीं कि प्रगतिवादी साहित्य में व्यक्ति का उसके *जीवन के नाना पहलुओं* से चित्रण नहीं होगा—चित्रण होगा, होना चाहिए...'

(शिवदान सिंह चौहान, प्रगतिवाद, पृ. 5, सन् 1941)

2. 'किसी भी युग को समझने के लिए आर्थिक सम्बन्धों को जानना ज़रूरी है, लेकिन साहित्य या कला इन सम्बन्धों की छाया मात्र नहीं है।... सामाजिक जीवन का यथार्थ अपने *संश्लिष्ट* रूप में ही साहित्य और कला में प्रतिबिम्बित होता है।'

(डॉ. रामविलास शर्मा, प्रगति और परम्परा, पृ. 53, प्रगतिशील साहित्य पर कुछ प्रश्न : 1947)

3. ''क्यों हमारा साहित्य 'पूँजी शाही निरंकुशता और मज़दूर जमात की शत्रुता के प्रचार तक ही सीमित' होकर रह गया? हमारे साहित्य में वह *प्रसार* क्यों नहीं है जिसका संकेत लेनिन के इन शब्दों में मिलता है :

'राजनीतिक अत्याचार समाज के *हर वर्ग* पर' और 'सामाजिक जीवन के अनेक क्षेत्रों औद्योगिक, नागरिक, वैयक्तिक गार्हस्थिक, धार्मिक, वैज्ञानिक क्षेत्रों में होता है'—हमारे साहित्य में कहाँ हैं उसके चित्र? क्या आज भी हमारे साहित्यिक चेतना अर्थवादी बन्धनों में जकड़ी हुई नहीं है?''

(अमृत राय : साहित्य में संयुक्त मोर्चा, पृ. 71, जुलाई 1951)

4. ''प्रेमचन्द के बाद हिन्दी में जिस साहित्य की सृष्टि हुई है...उसमें हमारे असंख्य अन्तर्विरोधों से ग्रस्त वर्ग समाज के संघर्षशील *मानव के समग्र व्यक्तित्व* का चित्रण नहीं हो पाया है...उनमें 'खण्ड मनुज को फिर से ढालने' या 'मनुज को खोज निकालने' की यथार्थवादी प्रवृत्ति का अभाव है।''

(शि. सि. चौहान : आलोचना सं.1, सम्पादकीय, अक्टूबर 1951)

ऊपर के उद्धरणों से स्पष्ट है कि हिन्दी में प्रगतिवाद के आरम्भ से लेकर आज तक प्रगतिशील समीक्षकों का दृष्टिकोण साहित्य में व्यापक वास्तविकता के चित्रण की ओर रहा है। केवल आर्थिक विषमता का चित्रण किसी का अभिप्राय नहीं था। 'जीवन के नाना पहलुओं', 'जीवन के यथार्थ का संश्लिष्ट रूप',

'मानव के समग्र व्यक्तित्व' तथा 'हर वर्ग की वैयक्तिक, गार्हस्थिक, धार्मिक...आदि समस्याओं' को साहित्य में अभिव्यक्ति देने का आग्रह किया गया है। प्रगतिशील समीक्षक शुरू से ही अपने साहित्य के एकांगी और संकीर्ण जीवन-चित्रण के विरुद्ध लड़ते आ रहे हैं, यह उक्त उद्धरणों के निषेधात्मक स्वर से अच्छी तरह स्पष्ट है।

हमारे साहित्य में ही नहीं दूसरे देशों के साहित्य में भी प्रगतिवादी समीक्षकों ने संकीर्णता के विरुद्ध जीवन के व्यापक क्षेत्रों तथा गहरी अनुभूतियों को स्थापित करने का पथ-निर्देश किया है। 'समाजवादी यथार्थवाद' के प्रतिष्ठाता गोर्की के सिद्धान्त और व्यवहार में सर्वत्र यह स्वर मिलेगा। अभी दो-तीन साल पहले सोवियत संघ के प्रसिद्ध उपन्यासकार इलिया एरेनबुर्ग ने 'गोर्की इंस्टीट्यूट मास्को' के नवयुवक साहित्यकारों के सम्मुख भाषण देते हुए सोवियत उपन्यासों के निर्जीव चरित्र-चित्रण, यान्त्रिक कथा बन्ध तथा औद्योगिक विकास सम्बन्धी ऊपरी जीवन की अभिव्यक्ति की कड़ी आलोचना की और मानव के आन्तरिक जीवन के चित्रण का विशद विवेचन किया।

(देखिए, द राइटर एंड लाइफ़ : मासेज़ एंड मेन स्ट्रीम, अगस्त 1951 अथवा दिसम्बर 1951 के आसपास के 'हंस' में हिन्दी अनुवाद)

अभी-अभी 1952 की 'सोवियत लिटरेचर' पत्रिका के आठवें अंक में भी 'ह्वाट द पीपुल डिमांड ऑफ़ राइटर्स' निबन्ध में यथार्थवाद के व्यापक और गहरे जीवन-चित्रण की चर्चा की गयी है। हंगरी के प्रसिद्ध सौन्दर्यशास्त्री जार्ज लूकाच ने 'स्टडीज़ इन यूरोपियन रियलिज़्म' पुस्तक की भूमिका (सन् 1948 ई.) में भी 'व्यक्ति-चरित्र' तथा 'प्रतिनिधि-चरित्र' के माध्यम से यथार्थवाद की स्थापना करते हुए पूर्ण मानव व्यक्तित्व के चित्रण को लक्ष्य माना है। राय पैस्कल ने उस पुस्तक का परिचय देते हुए "Functions of the total man in his total relations with living reality, with society" के निरूपण को उसकी सबसे बड़ी विशेषता माना है।

हिन्दी-इतर साहित्यकारों के उद्धरण मैंने केवल फ़ैशन या पाठकों को आतंकित करने के लिए नहीं दिये हैं। कहना यही है कि ये सभी समीक्षक मार्क्सवादी हैं और उन्होंने कहीं भी केवल रोटी लँगोटी के चित्रण की बात नहीं कही है। यदि मार्क्सवाद आर्थिक समस्या को ही एकमात्र मानव समस्या

मानता होता तो 'सोवियत यूनियन' या 'जनवादी चीन' में शिक्षा-साहित्य-कला आदि के क्षेत्र में व्यापक पैमाने पर सांस्कृतिक कार्य न होते, क्योंकि वहाँ तो 'एक हि साधे सब सधे' के अनुसार आर्थिक सुविधा जुटा देने से ही सांस्कृतिक उन्नति की सम्भावना मान ली जाती।

यह भी नहीं है कि मार्क्सवादी लेखक केवल किसानों और मज़दूरों का ही जीवन चित्रित करते हों। सोवियत उपन्यासकार एरेनबुर्ग के युद्धोत्तर उपन्यास 'स्टॉर्म' का सफलतम अंकित मानव चरित्र 'बुर्जुवा' है। हिन्दी में भी यशपाल, अश्क, आदि तथा उर्दू में कृष्णचन्द्र बेदी आदि प्रगतिशील कथाकार केवल किसानों-मजूरों का अथवा जीवन के आर्थिक पहलू का सतही चित्रण नहीं करते। जब हमारे समाज में ही केवल किसान-मजूर ही नहीं हैं बल्कि राजा-नवाब, सेठ-साहूकार, अफ़सर, अध्यापक, सैनिक आदि और भी लोग हैं तथा हमारे जीवन में भी यथार्थ के कई स्तर हैं, बाहरी जीवन ही सब कुछ नहीं है बल्कि भीतरी जीवन भी है, समाज में हमारा आपसी सम्बन्ध केवल शोषक-शोषित अथवा मालिक-नौकर का ही नहीं बल्कि और भी तरह का है तो हमारे साहित्य में स्वभावतः ही ये गूढ़ताएँ चित्रित होकर रहेंगी।

प्रगतिवाद के 'जनसाहित्य' तथा 'यथार्थवाद' वाले नारे की भ्रान्त व्याख्याएँ अवश्य हुई हैं, जैसी कि प्रायः सभी नारों की होती हैं। लेकिन सुधीजनों ने अपने विवेक से सदैव काम लिया है। सबसे पहले यथार्थवाद।

मैं 'सत्य' के दो पक्ष मानता हूँ—यथार्थ और स्वप्न। जैसे चक्की चलानेवाली महिला का 'चक्की चलाना' यथार्थ है और उस समय यदि वह कोई लोकगीत गाती हुई गोपीकृष्ण के लोक में मन रमाये तो वह स्वप्न है। प्रत्यक्षानुभूति और उससे मुक्त मन की वांछा—दोनों ही सत्य हैं लेकिन दोनों यथार्थ नहीं; यथार्थ केवल एक है। अपनी बात स्पष्ट करने के लिए 'गोदान' से एक उदाहरण दूँ—"होरी के सिर में चक्कर आ रहा था। बोला—कुछ नहीं, अच्छा हूँ। यह कहते-कहते उसे फिर क़ै हुई और हाथ-पाँव ठण्डे होने लगे। यह सिर में चक्कर क्यों आ रहा है? आँखों के सामने जैसे अँधेरा छाया जाता है। उसकी आँखें बन्द हो गयीं और जीवन की सारी स्मृतियाँ सजीव होकर हृदय पट पर आने लगीं, लेकिन बेक्रम, आगे की पीछे, पीछे की आगे, स्वप्न चित्रों की भाँति बेमेल, विकृत और असम्बद्ध। वह सुखद बालपन आया,

जब वह गुल्लियाँ खेलता था और माँ की गोद में सोता था, फिर देखा, जैसे गोबर आया है और उसके पैरों पर गिर रहा है। फिर दृश्य बदला, धनिया दुलहिन बनी हुई है, लाल चुँदरी पहने उसको भोजन करा रही थी। फिर एक गाय का चित्र सामने आया, बिल्कुल कामधेनु-सी। उसने उसका दूध दुहा और मंगल को पिला रहा था कि गाय एक देवी बन गयी और..."

लू-लगे होरी की यन्त्रणाएँ यथार्थ हैं और स्वप्न हैं वांछित भविष्य बनकर आने वाले अतीत का चित्र और दोनों ही सत्य हैं। स्वप्न इसलिए नहीं सत्य है कि उसकी सत्ता है बल्कि इसलिए कि वह सम्भावित है; प्राप्ति ही सत्य नहीं है, साध भी सत्य है क्योंकि दोनों का ही आधार मनुष्य है जो सत्य है।

ये दोनों प्रवृत्तियाँ साहित्य में 'यथार्थवाद' तथा 'स्वच्छन्दतावाद' या 'रोमानीवाद' के नाम से ख्यात हैं। श्रेष्ठ रचना में प्रमुखता चाहे जिसकी रहे किन्तु अंशतः दोनों मिलती हैं। इस प्रकार साहित्य का सत्य 'यथार्थवाद' *ही* नहीं है बल्कि यथार्थवाद *भी* है। अपने शायद 'साहित्यिक यथार्थ' के ही भीतर इन दोनों पक्षों को समेट लिया है—अन्तर केवल शाब्दिक है, बात वही है। परन्तु समीक्षा-परम्परा को देखते हुए कदाचित् आपके 'साहित्यिक यथार्थ' में 'अति व्याप्ति' दिखायी पड़ती है।

'यथार्थवाद' की एक और विशेषता है जिसे प्रगतिशील समीक्षक शुरू से कहते आये हैं। वह है—यथार्थ को सतत विकासशील रूप में देखना। 'समाजवादी यथार्थवाद' की परिभाषा करते हुए सोवियत लेखकों ने स्पष्ट कहा है—'पोर्ट्रेयल ऑफ़ रियलिटी इन इट्स रिवॉल्यूशनरी डेवलपमेंट?' श्री शिवदान सिंह चौहान ने '41 में ही प्रगतिवाद पर लिखते हुए हिन्दी में इसकी घोषणा की थी—'जीवन और समाज की उसके सम्पूर्ण गतिशील रूप में अभिव्यक्ति' 'प्रगतिवादी साहित्य का व्यक्ति ऐसा होगा जो समाज की गति का सक्रिय अनुभव करता है।' (प्रगतिवाद, पृ. 5-6) प्रेमचन्द ने भी अपने भाषण में इसका संकेत किया था।

आपके 'साहित्यिक यथार्थ' के विवेचन में यह बात किंचित छूट गयी है। आपने चराचर प्रकृति तथा बाललीला, भक्ति, वीरता आदि की जहाँ चर्चा की है वहाँ मानव-मानव तथा मानव प्रकृति के परिवर्तमान सम्बन्धों का भी विचार आवश्यक था।

वास्तविकता को विकासशील रूप में देखने का ही परिणाम है कि 'प्रिय प्रवास' के कृष्ण, 'पंचवटी' की सीता, 'साकेत' की उर्मिला, 'स्कन्दगुप्त' की देवसेना विगत युग की होती हुई भी आधुनिक हैं। परिवर्तनशील यथार्थ के सच्चे पारखी होने के कारण ही प्रेमचन्द के 'पंच परमेश्वर' के पंचों को तीस वर्ष बाद 'गोदान' के 'राक्षस पंचों' के रूप में पहचाना है। स्वयं किसान 'होरी' का मज़दूर होरी में बदलना भी इसी दृष्टि का परिणाम है।

'साहित्यिक यथार्थ' का विवेचन करते हुए आपने जिस प्रकार 'तथाकथित' प्रगतिवादियों की ख़बर ली है, उसी प्रकार 'अति यथार्थवादी' मनोविश्लेषणशास्त्री लेखकों का भी उद्घाटन करना चाहिए था। मेरे ध्यान में आप द्वारा आलोचित लोककल्याण विरोधी अश्लील साहित्य भी है। परन्तु आपने उसे 'यथार्थवादी' कहा है। अच्छा हो उन्हीं का शब्द 'अति-यथार्थवाद' अथवा 'प्रकृतवाद' (नेचुरलिज़्म) उनके लिए प्रयोग करें। जहाँ आपने संकीर्ण यथार्थवादियों का ज़िक्र किया है, वहीं इनकी भी चर्चा होनी चाहिए थी क्योंकि जितना एकांगी केवल रोटी लँगोटी की समस्या में रत मानव जीवन का चित्रण है, उससे कहीं अधिक एकांगी मध्यवर्गीय मानव की कुण्ठाओं का मोहक विश्लेषण है। यदि सतही यथार्थ-दृष्टि केवल किसानों-मज़दूरों तक सीमित है तो मनोविश्लेषणवादी आँखें उनसे भी सीमित मध्यवर्ग के घेरे में हैं, यदि वे भौतिक समस्या तक सीमित हैं तो ये उससे भी संकुचित मन के एक भाग उपचेतन की कुण्ठाओं तक परिसीमित हैं। इस तरह इनका दृष्टिकोण तो यथार्थ के प्रति और भी संकीर्ण है। स्वस्थ और सामाजिक यथार्थवाद के संरक्षक होने के नाते आपसे इनका सविस्तार विश्लेषण अपेक्षित था।

लेकिन हमारा आपका उत्तरदायित्व इतने से ही नहीं समाप्त होता। समालोचक के लिए यह फ़तवा दे देना तो बड़ा आसान है कि समग्र मानव व्यक्तित्व तथा अनुभूतियों का चित्रण होना चाहिए, लेकिन कवि तथा कथाकार के लिए यह कार्य इतना आसान नहीं है। कौन कथाकार व्यापक क्षेत्र को अपनी रचना की पटभूमि बनाने का हौसला नहीं रखता! समालोचक कहे चाहे न कहे, सभी लेखक अपनी कृति को समग्रता की महिमा प्रदान करना चाहते हैं लेकिन

लिखन बैठि जाकी सबी, गहि गहि गरब गरूर।
भए न केते जगत के चतुर चितेरे कूर।।

समीक्षक का कार्य लेखक की उन विवशताओं को भी सद्‌भावना के साथ समझने का है, फिर यथाशक्ति उसकी रचना में योग देने की चेष्टा भी अपेक्षित है। हम अपना हृदय टटोलकर देखें कि हमने यह उत्तरदायित्व कहाँ तक निभाया है। आपका 'सम्पादकीय' भी इस अभाव की पूर्ति नहीं करता। साहित्य के ऊँचे मानदण्डों की कमी नहीं है। भरत से लेकर आचार्य शुक्ल तक और प्लेटो से कॉडवेल रॉल्फ फॉक्स तक श्रेष्ठ रचने के लक्षण बहुत गिनाये गये हैं। आज उन्हें दुहरा देना मुश्किल नहीं है। लेकिन हमारे पूर्ववर्ती समीक्षक इसलिए महान हैं कि उन्होंने अपने युग के रचनाकारों की व्यावहारिक कठिनाइयों को सहानुभूतिपूर्वक समझते हुए उनके साथ चलकर रास्ता दिखाया है—उनके साथ मगर उनसे दो क़दम आगे। भरत का नाट्यशास्त्र इसी प्रकार की 'नाट्य शिक्षा' का ग्रन्थ है। समीक्षक यदि सहानुभूति और श्रद्धापूर्वक रचयिता के पास नहीं बैठता तो उसे उस रचना की आलोचना करने का कोई हक़ नहीं है। पुत्र को दण्ड देने का अधिकार दूध पिलाने वाली माँ को ही है।

यदि आपने इस दृष्टि से 'तथाकथित' प्रगतिवादी लेखकों की कलाकृतियों को देखा होता तो उनकी विवशताएँ स्पष्ट हो गयी होतीं। किसानों-मज़दूरों का चित्रण करना गुनाह नहीं है और न मध्यवर्गीय व्यक्ति का ही;—गुनाह है सजीव किसान, मज़दूर या सेठ के नाम पर उनका निर्जीव पुतला खड़ा करना; ऐसा करना स्वयं उन मानवमूर्तियों का अपमान करना है। लेखक इस बात को भी जानता है, लेकिन मनुष्य-मनुष्य के बीच नित्य गहराती और फैलती हुई खाई के कारण अपने पड़ोसी को भी ठीक-ठीक समझना कठिन हो गया है। संघर्ष की तीव्रता में मन इतना पूर्वग्रह ग्रस्त हो उठा है कि किसी को वास्तविक रूप में देखना तो दूर, देखने की ही इच्छा मरती जा रही है। जब तक समाज की यह खाई नहीं पटती, मानव को मानव का मधुर साहचर्य नहीं प्राप्त होता—वास्तविक यथार्थ की अभिव्यक्ति सम्भव न होगी। साहित्य की समीक्षा कर देना और तोते की तरह 'साहित्य समाज का दर्पण है' रटते रहना ही काफ़ी नहीं है। कन्धे से कन्धा मिलाकर

साहित्यिक गतिविधि में बाधक सामाजिक समस्याओं को हल करना ही समीक्षक की कसौटी है—निस्सन्देह यह सब भी 'साहित्यिक' माध्यम से ही होगा, बन्दूक या फावड़े के माध्यम से नहीं। यदि हम ऐसा व्यवहार करते हैं तभी सिद्ध होगा कि हमें श्रेष्ठ साहित्य रचना की लालसा है। क्या आपका 'सम्पादकीय' समीक्षा के इस सक्रिय पक्ष का परिचय देता है?

शायद आप यह कहें कि एक छोटे-से सम्पादकीय में ये सभी बातें कैसे सम्भव हैं? लेकिन जब हम अन्य लेखकों में जीवन के एकांगी चित्रण का विचार कर रहे हों तो स्वयं हमें भी विवेचन की एकांगिता से बचना चाहिए। निश्चय ही यह एकांगिता अथवा अतिवादिता हमारे वर्तमान जीवन का अभिशाप है। पहले भी ये बातें रही हैं—समत्व, सामंजस्य' समरसता आदि सिद्धान्त इसी के परिहार के लिए आते रहे हैं। अभी पन्द्रह वर्ष पहले प्रसाद जी ने 'समरसता' के द्वारा इसी अतिवाद की खाई पाटने का प्रयत्न किया था। आज विचार और कार्य, सिद्धान्त और व्यवहार, विचार और अनुभूति की खाई सर्वत्र बढ़ती जा रही है। इसका प्रतिबिम्ब कवियों, कथाकारों के साथ ही समीक्षकों में भी है। इस बात को अच्छी तरह समझने पर ही हम परस्पर सहयोग से साहित्य और समाज की सम्यक् सेवा कर सकते हैं।

यथार्थवाद से ही संलग्न प्रश्न है 'जन-साहित्य' का। 'जन-साहित्य' का नारा सोवियत यूनियन के भी साहित्यकार लगा रहे हैं और चेकोस्लोवाकिया, रूमानिया तथा चीन के भी; इधर हमारे देश के साहित्यकार भी 'जन साहित्य' का ही आदर्श उपस्थित करते हैं। अब इनमें अन्तर क्या है? इन देशों के सामाजिक विकास के सोपानों में जो अन्तर है, वही इनके 'जन-साहित्य' की रूपरेखा में भी होना चाहिए। उच्च और मध्यवर्ग के विभिन्न छोटे-छोटे स्तरों के समाप्त होने तथा सामान्य जनता के स्तरों के उन्नयन के साथ ही जन-साहित्य की विषयवस्तु तथा रूपतत्त्व में स्पष्टता आती जायेगी। इसलिए हमारे देश में जन साहित्य का यह मतलब कदापि नहीं है कि केवल किसानों-मजूरों के जीवन के बारे में ही लिखा साहित्य जन-साहित्य होगा। यह बात तो समाजवादी व्यवस्था का उपभोग करने वाले 'सोवियत यूनियन' के लिए भी नहीं कही जा सकती। हमारे समाज में लेखक और जनता दो ही नहीं हैं, जो लेखक जनता के पास जाकर उसके जीवन की कहानियाँ लिखता रहे।

जनता और लेखक के बीच और भी बहुत से लोग हैं, बहुत से स्तर हैं क्योंकि अधिकांश लेखक मध्यवर्ग के हैं। इसलिए यह असम्भव है कि लेखक इन स्तरों को छोड़ता हुआ सीधे जनता के ही जीवन की कहानियाँ लिखे। फिर जनता का सम्बन्ध भी तो समाज के अन्य वर्गों से है, इसलिए उसका जीवन चित्रित करते समय मध्यवर्ग का भी चित्र आ जाना स्वाभाविक है। इसलिए 'जन-साहित्य' का अर्थ केवल जनता के जीवन को विषय बनाकर लिखा हुआ साहित्य ही नहीं है।

हमारे यहाँ के कुछ जन-कवियों द्वारा लिखे हुए साहित्य को भी केवल इसलिए जन-साहित्य नहीं कहा जा सकता कि वह स्वयं किसानों और मज़दूरों द्वारा लिखा हुआ है। कारण, हमारी जनता भी तो वर्ग समाज की जनता है, इसलिए वह वर्ग समाज की मान्यताओं से प्रभावित भी है। इस कारण, उसे सोवियत समाज की जनता से भिन्न समझना चाहिए। यही कारण है कि हमारे अनेक लोकगीत आजकल या तो शिष्ट (मध्यवर्गीय) साहित्य से प्रभावित हो रहे हैं अथवा सिनेमा के गीतों से ग्रस्त हैं।

इसलिए आदर्श जन-साहित्य तो वही होगा जो जनवादी समाज व्यवस्था में जनता द्वारा जनता के लिए लिखा जायेगा। लेकिन इस आदर्श को मशीनी ढंग से आज ही अपने यहाँ चालू करना उपहासास्पद होगा। सोवियत यूनियन अथवा चीन भी ऐसा आग्रह नहीं कर सकते और न कर ही रहे हैं।

इसलिए हमारे समाज में जन-साहित्य का यदि कोई अर्थ हो सकता है तो यही कि–

1. जनहित को आधार मानकर साहित्य रचना।

2. केवल जनता के पढ़ने के लिए ही साहित्य न रचना, बल्कि सभी वर्गों के लिए लिखना।

3. जनहित को ध्यान में रखते हुए सभी वर्गों की जीवन सामग्री का उपयोग करना।

4. विविध वर्गों के पाठकों को साहित्यिक कृतियों द्वारा जनवादी व्यवस्था की ओर क्रमशः अग्रसर करना।

5. धीरे-धीरे अपने साहित्य के पाठकों के स्तर-भेद को मिटाने की चेष्टा करते हुए अपनी रचना के भाव-भाषा सम्बन्धी स्तरों का अन्तर्विरोध

मिटाना और इस प्रकार जन शिक्षा के साथ-साथ आत्म-शिक्षा का अभ्यास करना।

इनके अतिरिक्त और भी बातें हो सकती हैं परन्तु मोटी रूपरेखा यही है और अभी तक इतना ही समझ भी सका हूँ। इतना तो निश्चित ही कह सकता हूँ कि जिस प्रकार शिशु-साहित्य का अर्थ केवल शिशु-जीवन और बाल मनोविज्ञान की कृतियाँ नहीं है बल्कि शिशु रुचि के अनुकूल पशु-पक्षी, पेड़-पौधे, भूत-प्रेत, देवता-दानव, परी-अप्सरा आदि सबकी कहानियाँ हैं, उसी प्रकार जन-साहित्य का अर्थ केवल जनता के जीवन की ही कहानियाँ और कविताएँ नहीं है। जन-रुचि, जन-शिक्षा तथा जन-हित के लिए मानव-इतिहास तथा चराचर ब्रह्माण्ड का सर्वस्व साहित्य का विषय बनाया जा सकता है।

बात बड़ी मामूली है लेकिन व्यवहार में अक्सर छूट जाती है। जिस प्रकार 'भोंडे समाजशास्त्री' कुछ वर्ष पहले प्राचीन इतिहास में सामन्ती और पूँजीवादी युग के साहित्य का अध्ययन करते समय उन युगों में जन-साधारण का अस्तित्व सर्वथा भूल जाते थे और सम्पूर्ण साहित्य को केवल सामन्तों और पूँजीपतियों की मान्यताओं से प्रभावित मानते थे, उसी प्रकार आजकल के उत्साही समाजशास्त्री आजकल केवल 'जनता' की ही सत्ता मानते हैं और शेष वर्ग उनकी आँखों से ओझल रहता है। लेकिन अब वह ग़लती दुहरानी न चाहिए।

इन शब्दों के साथ मैं आपके सम्पादकीय की सामयिकता तथा दृष्टि प्रसार का हार्दिक समर्थन करता हूँ।

आपका

नामवर सिंह

06/11/52

'कल्पना' के अक्तूबर और नवम्बर अंक में सम्पादकीय पक्ष से 'साहित्यिक यथार्थ' पर विचार किया गया है। ऐसे सामयिक और महत्त्वपूर्ण प्रश्न पर सम्पादकीय स्तम्भ से विवेचन शुरू करना 'कल्पना' की गौरव पूर्ण परम्परा के सर्वथा उपयुक्त है।

'यथार्थवाद' की आवाज़ सबसे पहले प्रगतिशील साहित्यकारों ने लगायी और धीरे-धीरे प्रगतिवाद ने यथार्थवाद सम्बन्धी विचार-परम्परा स्थापित कर दी। यथार्थवाद पर अपने विचार उपस्थित कर कल्पना-सम्पादक ने उस परम्परा में महत्त्वपूर्ण योग दिया है। किसी सिद्धान्त पर निरन्तर विचार होते रहने और इस प्रकार उसकी परम्परा बनने से बढ़कर महत्त्वपूर्ण बात इसके लिए और क्या हो सकती है? इसीलिए कल्पना-सम्पादक ने अपनी स्थापनाएँ उपस्थित करते समय यथार्थ-सम्बन्धी प्रगतिवादी दृष्टिकोण को ही सामने रखा है। परन्तु खेद के साथ कहना पड़ता है कि यथार्थ सम्बन्धी प्रगतिशील विचार-परम्परा अपने समग्र और सम्यक् रूप में उनके सामने न थी। इसलिए उन्होंने 'प्रगतिवादी' और 'तथाकथित प्रगतिवादी' समीक्षकों के नाम से जो बातें लिखी हैं वे 'तथाकथित' प्रगतिवादियों की भले ही हों लेकिन प्रगतिवादी विचारकों की नहीं हैं। इस परम्परा के ठोस और विशिष्ट परिचय के अभाव में ही उनके यहाँ 'प्रगतिवादियों' के नाम पर उद्धृत सभी बातें 'सामान्य', हवाई तथा सुनी-सुनायी सी शक्ल में सामने आयी हैं। अमुक प्रगतिवादी ने अमुक समय अमुक जगह अमुक बात लिखी है, इस तरह का ठोस उद्धरण दिये बिना समूचे प्रगतिवाद पर आरोप लगाना सम्पादकीय उत्तरदायित्व से स्खलन है। हमारे भारतीय चिन्तन की परम्परा यही रही है कि उत्तर पक्ष स्थापित करने से पूर्व पूर्वपक्ष उपस्थित कर दिया जाता था। 'भरत नाट्यशास्त्र' पर अभिनव भारती टीका लिखते समय रस प्रकरण में अभिनवगुप्त ने लोल्लट, शंकुक और भट्टनायक की विचार-परम्परा का उद्धरण देकर इसी गरिमा की रक्षा की है। इसलिए अपनी महान परम्परा की दुहाई देते समय हमें स्वयं भी उसका पालन करना चाहिए।

यदि सम्पादक जी ने इतना-सा कष्ट उठाया होता तो वे पाते कि उन्होंने जो कुछ आरोप लगाये हैं उन सबके समाधान देश-विदेश के प्रगतिशील—प्रगतिशील मात्र नहीं बल्कि कम्युनिस्ट—साहित्यकारों ने सिद्धान्त और व्यवहार दोनों में बहुत पहले से उपस्थित किये हैं।

सम्पादक जी के अनुसार, 'प्रगतिवादी राजनीतिक नेताओं और उनका अनुसरण करने वाले साहित्यिकों तथा आलोचकों ने यह धारणा बना रखी है कि संसार में सर्वहारा वर्ग ही एक ऐसा वर्ग है जिसके सम्बन्ध में आज कुछ

कहा जा सकता है, जबकि हावर्ड फास्ट ने पहले ही स्पष्ट कर दिया है कि सर्वहारा साहित्य केवल सर्वहारा के जीवन में ही अपनी विषय-सामग्री नहीं खोजता; अपितु जगत् सम्बन्धी सर्वहारा-दृष्टिकोण अपनी साहित्यिक सामग्री के लिए सम्पूर्ण संसार और सम्पूर्ण अनुभवों का दावा करता है।' (लिटरेचर एंड रियलिटी, पृ. 63, न्यूयॉर्क इंटरनेशनल पब्लिशर्स) हावर्ड फास्ट का यह कथन ख़ाली ज़बानी जमा ख़र्च नहीं है बल्कि उनके उपन्यासों में विभिन्न वर्गों के चित्रण से इसकी पुष्टि होती है और इस चित्रण के लिए प्रगतिशील समीक्षकों द्वारा उनकी भर्त्सना कभी नहीं की गयी।

जिस समाज में सर्वहारा का शोषण करने वाले दूसरे वर्ग मौजूद हों, उसमें रहते हुए यदि लेखक केवल सर्वहारा का ही चित्रण करना चाहे तब भी चित्र की पूर्णता के लिए उससे सम्बद्ध दूसरे वर्ग के व्यक्तियों का चित्रण अवश्यम्भावी हो जाता है। इस प्रकार की धारणा अमेरिका जैसे पूँजीवादी व्यवस्था वाले देश के साहित्यकार की ही नहीं है। अपने देश में विविध वर्गों के अस्तित्व को मिटाकर समाजवादी व्यवस्था का सुख भोगनेवाले साहित्यकार भी अपने उपन्यासों में बुर्जुवा का चित्रण करते हैं। इसका ज्वलन्त उदाहरण है इलिया एरेनबुर्ग का युद्धोत्तर उपन्यास 'स्टॉर्म' अथवा नवीनतम कृति 'नाइन्थ वेव'। विशेषता यह कि 'स्टॉर्म' में जिस व्यक्ति का चरित्र सफलतम अंकित हुआ है बुर्ज़ुवा है, सर्वहारा नहीं और इसके लिए स्टालिन ने इलिया को बधाई भेजी थी।

हम विदेशी साहित्य की ही बात नहीं करते। हमारे हिन्दी साहित्य में भी यशपाल, अश्क के उपन्यास और कहानियाँ तथा निराला, नागार्जुन, केदार आदि की कविताएँ केवल सर्वहारा वर्ग के व्यक्तियों और मनोभावों तक ही सीमित नहीं हैं। हिन्दी में प्रगतिशील समीक्षकों की ओर से भी इस प्रकार की संकीर्णता नहीं बरती गयी। भारतेन्दु, प्रेमचन्द और निराला की रामीक्षा उपस्थित करते हुए डॉ. रामविलास शर्मा ने उनकी प्रशंसा केवल सर्वहारा-चित्रण के लिए नहीं, बल्कि जीवन के व्यापक स्तरों को सजीव और सचेत रूप में चित्रित करने के लिए की है। प्रेमचन्द को होरी और धनिया के चित्रण के कारण महान नहीं कहा गया है बल्कि राय साहब, खन्ना, मेहता, दातादीन, पटेश्वरी आदि उच्च मध्यवर्ग, मध्यवर्ग तथा निम्न मध्यवर्ग वाले

व्यक्तियों के सफल अंकन के कारण भी—और यही क्यों सुमन, निर्मला, जालपा, अमरकान्त, जॉन सेवक आदि को भी ध्यान में रखा गया है। यह है प्रगतिशील समीक्षा का व्यावहारिक रूप और व्यवहार सबसे बड़ी कसौटी है क्योंकि बड़ी-बड़ी सैद्धान्तिक बातें तो सभी बघार सकते हैं।

इसके बाद सम्पादक जी के अनुसार, 'तथाकथित प्रगतिवादी आलोचक जब साहित्यकार से यथार्थ का चित्रण करने के लिए कहते हैं तब उनका मतलब शायद यह होता है कि वह केवल शोषितों के जीवन के उन पहलुओं का चित्रण करे जिनका सम्बन्ध आज की आर्थिक या वर्गिक समस्याओं से है।' सम्पादक जी को प्रगतिशील साहित्यकारों के 'कथन' से नहीं बल्कि उस कथन के पीछे छिपे हुए 'मतलब' से मतलब है! उस 'मतलब' का रहस्य तो वही जानें किन्तु हम यहाँ प्रगतिशील समीक्षकों के सिद्धान्त और उससे भी बढ़कर व्यवहार को कसौटी मानेंगे।

कोरी आर्थिकता तथा पार्थिकता का आरोप प्रगतिवाद पर ही नहीं मार्क्सवाद पर भी लगाया गया है और यह आरोप नया नहीं है। पिछले सौ वर्षों से संसार के सभी देशों में आदर्शवादी विचारक तथा साहित्यकार इसे नाना शब्दों में दुहराते आ रहे हैं। इसका स्पष्टीकरण भी बहुत हुआ है। एक ओर मार्क्स, एंगेल्स, लेनिन के इस भ्रम का निराकरण किया है तो दूसरी ओर साहित्य में राल्फ फॉक्स, कॉडवेल, टी.ए.जैक्सन, जॉर्ज लूकाच, लुई हैरप आदि योरोपीय तथा अमरीकी समीक्षकों ने भी स्पष्टीकरण में कुछ उठा नहीं रखा।

साहित्य-रचना की चर्चा तो पीछे होगी, राजनीतिक प्रचार तक के लिए लेनिन ने आर्थिक समस्याओं तक ही सीमित रहने के विरुद्ध बहुत बड़ा संघर्ष किया। उन्होंने 1902 ई. में ही 'अर्थवादियों' की संकीर्णता को तोड़ते हुए लिखा था कि 'अत्याचार की हर ठोस मिसाल से फ़ायदा उठाना चाहिए क्योंकि यह अत्याचार समाज के हर वर्ग पर होता है और जीवन के औद्योगिक, नागरिक, वैयक्तिक, पारिवारिक, धार्मिक, वैज्ञानिक आदि सभी क्षेत्रों और क्रियाओं में अभिव्यक्त होता है।' (क्या करें? सेलेक्टेड वर्क्स : जिल्द 1, पृ. 263)

प्रगतिशील दृष्टि सभी घटनाओं और समस्याओं को परस्पर-सम्बद्ध रूप में देखती है। 'इसलिए छोटी से छोटी सामाजिक घटना भी एक असम्बद्ध आकस्मिक या सीमित घटना नहीं है। उसका प्रभाव समाज के शेष जीवन पर भी पड़ता है। इसी प्रकार जिन घटनाओं को हम केवल आर्थिक, सामाजिक या राजनीतिक कहकर उनकी ओर संकेत करते हैं, वे अपने संश्लिष्ट रूप के कारण जीवन के प्रत्येक क्षेत्र को प्रभावित करती हैं। बंगाल का अकाल मूलतः एक आर्थिक घटना थी। अन्न की कमी हुई और लोग भूखों मरने लगे। सभी लोग जानते हैं, इस आर्थिक घटना ने सामाजिक जीवन को भी बुरी तरह हिला दिया था। 1947 का नरसंहार कभी धार्मिक और कभी राजनीतिक रूप ले लेता है, लेकिन, उसकी जड़ें हमारे नैतिक और पारिवारिक जीवन में दूर तक चली गयी हैं।' (साहित्य में जनता का चित्रण–डॉ. रामविलास शर्मा; हंस 47)

जिस प्रकार भारतीय चिन्तन 'सत्य' को अखण्ड और अविभाज्य रूप में देखता रहा है, उसी प्रकार मार्क्सवाद ने भी उसे समग्र रूप में देखने का आग्रह किया है–केवल आर्थिक रूप में नहीं। यहाँ लेनिन का एक उद्धरण पर्याप्त होगा–'ट्रुथ इज़ फॉर्म्ड आउट ऑफ़ दि टोटैलिटी ऑफ़ ऑल एस्पेक्ट्स ऑफ़ ए फेनॉमेनन ऑफ़ रियलिटी एंड देअर (म्यूचुअल) रिलेशनशिप।' (राल्फ फॉक्स द्वारा 'नावेल एंड द पीपुल' में पृ. 41 पर उद्धृत : कॉबेट प्रेस लि., लन्दन, द्वितीय संस्करण, 1948 ई.)

इसी सूत्र को साहित्य के क्षेत्र में जॉर्ज लूकाच ने 'समाज की समग्रता में समग्र मानव व्यक्तित्व का चित्रण' कहा है (स्टडीज़ इन यूरोपियन रियलिज्म : भूमिका, पृ. 5, 1950 ई.)। हिन्दी में शिवदान सिंह चौहान ने इसी बात को 'आलोचना' के प्रथम अंक में सम्पादकीय पक्ष से ज़ोरदार शब्दों में दुहराया है। कृष्णचन्द्र, यशपाल, अश्क की कहानियाँ तथा उपन्यास केवल आर्थिक समस्याओं का ही चित्रण नहीं करते। पति-पत्नी, माँ-बेटे, भाई-भाई के प्रेम का चित्रण उन्होंने भी किया है और रस लेकर। लेकिन यहाँ प्रेम अन्य लेखकों की तरह अपने आप में सीमित रूप में नहीं, बल्कि जीवन के अन्य पहलुओं से जुड़ा आता है। प्रगतिशील लेखक कृति में प्रेम-सम्बन्धों का चित्रण करते समय जीवन के परिवेश को नहीं भूलता।

'कल्पना' को आशंका है कि प्रगतिशील लेखक रोमानी भावनाओं का बहिष्कार करना चाहते हैं। 'रोमानी' ही क्यों समस्त अन्तर्जीवन के चित्रण पर प्रगतिवाद ज़ोर देता है। जब सोवियत उपन्यासों में मनुष्य के बाहरी क्रियाकलापों का यान्त्रिक वर्णन बहुल हो उठा तो 'गोर्की साहित्यिक इंस्टीटयूट' के नवयुवक साहित्यकारों के सम्मुख इलिया एरेनबुर्ग ने उस प्रवृत्ति की कड़ी आलोचना की और पात्रों के आन्तरिक जीवन के अंकन का आग्रह किया। (लेखक और जीवन : मासेज़ एंड मेन स्ट्रीम 1951, अगस्त; अथवा उसी वर्ष के 'हंस' में उसका हिन्दी अनुवाद)

अभी कुछ महीने पूर्व इसी वर्ष की 'सोवियत लिटरेचर' पत्रिका के आठवें अंक में 'जनता लेखकों से क्या चाहती है?' निबन्ध में भी इसी बात पर ज़ोर दिया गया है।

'चरित्र के केवल श्रमिक जीवन पर ज़ोर देते हुए एकांगी चित्रण करना समाजवादी यथार्थवाद के सिद्धान्तों के विरुद्ध है क्योंकि वह सर्वांग चरित्र चित्रण, जीवन की तमाम उलझनों और गूढ़ताओं का कलात्मक अंकन तथा व्यक्ति के समृद्ध अन्तर्जगत के पर्याप्त चित्रण की माँग करता है।'

हिन्दी के प्रगतिशील समीक्षक इससे बेख़बर नहीं रहे। डॉ. रामविलास शर्मा ने अपने उसी निबन्ध 'साहित्य में जनता का चित्रण' में सैद्धान्तिक बात कही है कि 'साहित्य में लेखक का अन्तस्तल और दृश्यमान बाह्यजगत् एक-दूसरे से गुँथे हुए, संश्लिष्ट रूप में आते हैं। इनमें परस्पर विरोध हो, इसका कोई प्राकृतिक या मनोवैज्ञानिक कारण नहीं है।'

यदि बाहरी और प्रत्यक्ष गोचर क्रियाकलाप ही साहित्य के विषय हों तो सारा साहित्य अनावश्यक हो जाय जैसा कि मार्क्स ने विज्ञान के विषय में कहा है—'कि यदि वस्तुओं की प्रकृति तथा उनका प्रत्यक्ष रूप बिल्कुल एक ही हो तो सभी विज्ञान व्यर्थ हो जायें।' (हावर्ड फास्ट द्वारा उक्त पुस्तक में पृ. 23 पर उद्धृत)

आश्चर्य है कि जो प्रगतिशील लेखक बच्चे की मासूम मुस्कराहट, प्रेयसी के मीठे प्यार, माँ के शीतल स्नेह तथा भाई के सबल बाहुओं की रक्षा के लिए शान्ति के शत्रुओं से लड़ रहे हैं और रचनात्मक शान्ति के गीत लिख रहे हैं उन्हें तो रोमानी भावनाओं का बहिष्कर्ता कहा जाता है;

परन्तु जो अर्थपिशाच धीरे-धीरे हमारी रोमानी भावनाओं को कुचलकर कितने युवकों को युवक होने से पूर्व ही वृद्ध बना देते हैं तथा एटमी युद्ध की निरन्तर धमकी द्वारा सभी रोमानी भावों के ऊपर भय की छाया फैलाते हैं, उनके बारे में एक शब्द भी नहीं कहा जाता। जिन्होंने स्नेह, प्रेम, दया, दान, दाक्षिण्य, विद्या, संगीत आदि को पण्यवस्तु में बदल दिया वे तो रोमानी नावों के संरक्षक हैं और जो इस बाज़ारूपने का पर्दाफ़ाश करे वह दुश्मन कहा जाय! 'कल्पना' आश्वस्त रहे कि यथार्थ प्रेमी प्रगतिशील कल्पना को भी प्यार करते हैं और उनके साहित्य में स्वप्नों को भी स्थान है। वे हर समय जागरण के ही गीत नहीं गाते जनता की पलकों पर स्वप्न भी उतारते हैं। साहित्यकार तो साहित्यकार लेनिन ने भी स्वप्नों के महत्त्व पर ज़ोर दिया है और अपने पूर्ववर्ती विचारक पिसाटेव का सहारा लिया कि इन्सान में अगर इस तरह सपना देखने का माद्दा ही न होता तो वह कभी आगे बढ़कर अपने दिमाग़ में, एक पूरी तस्वीर की शक्ल में, अपने ऐसे कामों के नतीजों को देख ही न सकता जिन्हें वह अभी-अभी शुरू कर रहा है। ऐसी हालत में....लम्बे-चौड़े थका देने वाले कामों में हाथ लगाने का हौसला इन्सान में कहाँ से आयेगा। शर्त इतनी ही है कि 'वह अपने सपनों को पूरा करने के लिए ईमानदारी से काम करता हो। अगर स्वप्नों और जीवन में कुछ भी सम्बन्ध हो तो सब ठीक है।' (क्या करें, सेलेक्टेड वर्क्स, जिल्द 1, पृ. 387-88)

समाजवादी यथार्थवाद के प्रतिष्ठाता गोर्की ने 'वीरत्व व्यंजक रूमानियत' को यथार्थवाद का एक अंग माना है। यदि ऐसी बात न होती तो सोवियत यूनियन के नवीन साहित्य में ऐसी उत्साहवर्धक, कल्पनाकलित, वीरत्व व्यंजक रूमानी कृतियों का युग न आता। हमारे अपने देश में भी सरदार जाफ़री, कृष्णचन्द्र, नागार्जुन, सुमन, नरेन्द्र आदि की रचनाओं में एक नये ढंग की स्वस्थ रूमानियत आयी है जो वास्तविकता से हमारा ध्यान हटाती नहीं बल्कि वास्तविकता के प्रति हमारी पकड़ और दृढ़ कर देती है।

बात यह है कि रूमानियत, कल्पना, स्वप्न, अन्तर्जगत आदि से प्रगतिशील लेखक तो नहीं घबराते लेकिन कल्पना-सम्पादक जैसे विद्वानों को यह डर अवश्य बना रहता है कि 'जनता के जीवन को निकट से देखने

से कवि का भावजगत धुँधला हो जायेगा या उसके अन्तस्तल की कोमल वृत्तियों का सर्वनाश हो जायेगा।' (रा. वि. शर्मा—वही निबन्ध)

जहाँ तक साहित्य को पार्थिव आवश्यकताओं की पूर्ति का साधन समझने की बात है, उसके विषय में प्रगतिवाद दर्द के साथ ग़ालिब के शब्दों में कहना चाहेगा—

फ़िक्रे दुनिया में सर खपाता हूँ
मैं कहाँ और यह बवाल कहाँ!

कौन दिलजला साहित्यकार होगा जो दुनिया के झंझटों से मुक्त होकर शुद्ध साहित्य-लोक में विचरण करना न चाहेगा लेकिन 'भला गर्दिश फ़लक की चैन देती है किसे इंशा!' आज जो रोटी-कपड़े की चिन्ता से साहित्य का आनन्द-मुख म्लान है उसका कारण क्या भूखा साहित्यकार है? मुझे विश्वास है कि 'कल्पना' इसका उत्तर 'हाँ' में नहीं देगी। फिर ऐसे चिन्तित साहित्यकार के लिए 'कल्पना' क्या सुझाव देती है? क्या वह 'ग़मे रोजग़ार' से बचने के लिए 'ग़मे इश्क' में बेहोश रहे? यदि 'कल्पना' लेखक को इसी तरह घुल-घुलकर मरने देना नहीं चाहती है और सच्ची आनन्दविधायिनी साहित्य-सृष्टि का स्वप्न पूरा करना चाहती है तो पहले वीर पुरुष की तरह इन पार्थिव समस्याओं तथा इनकी कारण शक्तियों से लड़ने में साहित्यकार का सहयोग करे।

लेकिन 'संघर्ष' शब्द से 'कल्पना' घबड़ाती है। पर 'आनन्द' बना-बनाया हलुवा नहीं है जो अर्थ पिशाचों के इस युग में अपने आप बिना हाथ-पाँव हिलाये प्राप्त हो जाय। आनन्द के लिए संघर्ष के महत्त्व को आचार्य शुक्ल ने भी स्वीकार किया था और इसका प्रमाण है उनका 'लोकमंगल की साधनावस्था' का नारा। 'प्रेमचन्द' हाथ में 'मंगलसूत्र' लेते-लेते अनुभव करने लगे थे कि दरिन्दों से लड़ने के लिए हथियार बाँधना पड़ेगा। आज वह आवश्यकता दूर नहीं हुई है। 'प्रगतिवाद' उसी परम्परा को आगे बढ़ा रहा है।

'जो कहते हैं कि आज साहित्यिक के लिए संघर्ष ही एकमात्र यथार्थ है' उनसे कुछ और पूछने के पहले सम्पादक जी यह भी देखते कि वे 'शान्ति' का भी नारा लगा रहे हैं और फिर वे इस विरोधाभास के मर्म को समझने

का प्रयत्न करते। परन्तु लगता है कि प्रेमचन्द की तरह 'उसकी दृष्टि इतनी व्यापक नहीं हैं कि जीवन-संग्राम में सौन्दर्य का परमोत्कर्ष देखे।'

सम्पादक जी को पार्थिवता का इतना हौवा है कि तर्क के इस छोर पर चले जाते हैं 'आदर्श साम्यवाद स्थापित हो जाने के बाद साहित्य और कला को हमें फेंक देना होगा।' यह तो सोवियत यूनियन अभी सिद्ध कर रहा है! शायद पुश्किन, तोल्सतोय आदि का अधिकतम प्रकाशन और शेक्सपियर, तुलसी आदि का अनुवाद करोड़ों की संख्या में छापने का कार्य फेंकने के लिए ही हो रहा है या कौन जाने दिखाने के लिए ही! नये साहित्य की चर्चा कौन करे!

प्रगतिवाद की अभिव्यक्ति शैली पर 'कल्पना' का सवाल है कि क्या हमारे प्रगतिवादी आलोचक यह चाहते हैं कि साहित्यकार न केवल कैमरा बन जाये, बल्कि बार-बार एक ही दृश्य को एक ही कोण से, प्रतिचित्रित किया करे? यदि 'कल्पना' को अपने प्रगतिवादी बन्धुओं से ऐसी ही जिज्ञासा है तो उसने आज से 5 वर्ष पहले लिखे हुए एक प्रगतिशील समीक्षक के ये शब्द देख लिए होते, 'जो साहित्यकार इन विभिन्न रूपों में ही उलझकर रह जाता है और उनके फ़ोटो चित्र देकर ही सन्तुष्ट रह जाता है, वह कल के उत्कर्ष तक नहीं पहुँचता। ...कला उस फ़ोटोग्राफ़र के लैंस की तरह नहीं है जिसमें बाह्यजगत् के चित्र इधर-उधर बिखरे हुए असम्बद्ध रूप में सामने आते हैं।... कला बाह्यजगत् के चित्र खींचती है किन्तु उनमें परस्पर सम्बन्ध भी स्थापित करती चलती है और इसका कारण (लेखक का) वह दृष्टिकोण है जिससे सामाजिक संघर्ष की मूल दिशा को पहचानता है।' (रा.वि.शर्मा—वही निबन्ध)

यह तो हुई फ़ोटो और कैमरे की बात। रही 'एक ही दृश्य को बार-बार एक ही कोण से प्रतिचित्रित करना'। उसके लिए भी सम्पादक जी को कहीं दूर नहीं जाना पड़ेगा। उसी निबन्ध में आगे उन्हें मिलेगा "कलाकारों ने बिखरे हुए वर्गों, व्यक्तियों और उनकी भिन्न-भिन्न परिस्थितियों, भावों, विचारों और कल्पनाओं को एक ही सूत्र में बाँधकर एक ऐसी समर्थ कला को जन्म दिया है जो समुद्र के समान असंख्य नदियों का जल समेटते हुए भी अपनी सीमाओं को यत्नपूर्वक बनाये रखती है। कला के इस प्रसार

में व्यंग्य और हास्य, रौद्रता और आर्द्रता, बाह्यजगत् के यथार्थ चित्र और मनुष्य के अन्तस्तल की कोमल भावनाएँ—सभी के लिए स्थान रहता है। कुल मिलाकर जिस कलात्मक वस्तु का निर्माण होता है, वह जड़ न होकर सचेत और सम्बद्ध इकाई के रूप में हमारे सामने आती है।"

लेकिन सम्पादक जी को 'एक दृश्य' पर उतनी आपत्ति नहीं है जितनी 'एक कोण' पर क्योंकि दूसरी किश्त में इसी बात को वे स्पष्ट करते हुए कहते हैं, 'वे चाहते हैं कि सभी साहित्यिक पहले तो केवल सर्वहारा वर्ग को देखें...और उस वर्ग को देखकर उन सबको उन एक ही प्रकार की अनुभूति हो—अर्थात् उस प्रकार की जैसी प्रगतिवादी राजनीति चाहती है!'

अनुभूति पर कैसा ज़ोर! 'यह वह आतिश है कि लगाये न लगे!' 'हड़ताल मिल मालिक के लिए उसकी सम्पत्ति और लाभ पर अवैधानिक चेष्टा है। मज़दूर के लिए हड़ताल जीवन-मरण की समस्या है, स्वयं उसकी तथा उसके परिवार की जिजीविषा है। स्थानीय अख़बार के लिए हड़ताल सार्वजनिक अहित है और कुछ ग्राहकों के लिए असुविधा।' (लिटरेचर एंड रियलिटी, पृ. 22) दूसरे शब्दों में 'सौन्दर्य भी और पदार्थों की तरह स्वरूपस्थ और निरपेक्ष नहीं, उसकी स्थिति भी सापेक्ष है। एक रईस के लिए जो वस्तु सुख का साधन है, वही दूसरे के लिए दुःख का कारण हो सकती है।' (प्रेमचन्द : प्र.ले.सं. के लखनऊ अधिवेशन का अभिभाषण : 'कुछ विचार', पृ. 14)

लेकिन सौन्दर्य एक हद तक ही सापेक्ष है। हावर्ड फास्ट के ही शब्दों में, 'सत्य वह नेव नहीं है कि जो चाहे तोड़ ले। सत्य एक पक्ष है या दूसरा पक्ष। सत्य का स्वरूप निश्चित करने से पूर्व लेखक को पक्ष चुनना पड़ता है। सत्य पक्षधर होता है, तटस्थ नहीं।'

यही कारण है कि प्रगतिवाद लेखक के लिए एक दृष्टिकोण का होना आवश्यक समझता है। यदि लेखक अवसरवादी नहीं है तो उसका एक ही दृष्टिकोण होगा। वह अपनी ही आँखों से देख सकता है, दूसरे की आँखों से नहीं। वास्तविकता में लेखक के दृष्टिकोण का सम्बन्ध दृश्य और कैमरे के कोण से तुलनीय नहीं हो सकता। आदमी से मशीन की तुलना ही क्या?

और 'प्रगतिवादी राजनीति' का जो हवाला दिया गया है उसके बारे में प्रगतिवाद अपने प्रथम सभापति प्रेमचन्द जी का आदर्श सामने रखता है कि 'साहित्यकार की सचाई देशभक्ति और राजनीति के पीछे चलने वाली नहीं बल्कि उनके आगे मशाल दिखाती हुई चलने वाली सचाई है।'

तटस्थता का स्वाँग रचने वाला अस्पष्टवादी दूसरों को क्षति पहुँचाने से पहले अपनी कला को ही क्षति पहुँचाता है। लेकिन जो सन्देहवादी हैं वे अपना दृष्टिकोण तो कहाँ से रखें, उल्टे इस असमर्थता को ही गौरवशाली नक़ाब दे बैठते हैं तथा उलटकर प्रगतिशील लेखकों की 'सोद्देश्यता' पर तरह-तरह की चक्करदार बातों से प्रहार करते हैं।

प्रगतिशील लेखक का एक दृष्टिकोण है, इसको वह छिपाता नहीं। बल्कि वह ऊँचे मस्तक के साथ कहता है कि पूँजीपतियों का पक्ष लेने की अपेक्षा सर्वहारा का पक्ष लेना कहीं बड़ा मानवतावाद है। सन्देहवादी विचारक सीधे-सीधे सर्वहारा मानवतावाद का विरोध करने के लिए नैतिक बल तो जुटा नहीं पाते इसलिए भीतर-भीतर उससे कुढ़ते हुए भी ऊपर चिकनी-चुपड़ी बातों में सर्वहारा के प्रति सहानुभूति प्रकट करके 'सर्वहारा मानवतावाद' के क्रान्तिकारी पक्ष का खण्डन करते हैं। अफ़सोस के साथ कहना पड़ता है कि 'कल्पना' का सम्पादकीय भी इसी प्रकार का प्रयत्न है।

'कल्पना' सर्वहारा का पक्षधर नहीं है बल्कि उसके प्रति 'सहानुभूतिशील' है। सम्पादक जी के शब्दों में 'सर्वहारा वर्ग के साथ सहानुभूति प्रत्येक समझदार व्यक्ति को होनी चाहिए।' इस 'सहानुभूति' का पर्दाफ़ाश करते हुए गोर्की ने लिखा है, 'बुर्जुवा मानवतावाद 'दानशीलता' का रूप ग्रहण करता है। यह निःस्व और लुटे हुए को भीख देता है। ...इस मानवतावाद को ईमानदार तो तब कहा जाता जब वह अपने द्वारा ग़ुलाम बनाये हुए लोगों में ईमानदारी से मानवीय प्रतिष्ठा की भावना जाग्रत कराता, उनकी सामूहिक शक्ति की चेतना भरता और मानव के उस उदात्त रूप का बोध करता जो प्रकृति की शक्तियों और संसार का संगठनकर्ता है।' (आर्टिकल्स एंड पैम्फलेट्स, पृ. 408)

अगर 'कल्पना' इस मानवतावाद को नहीं मानती और सच्चे 'सर्वहारा मानवतावाद' की पक्षधर है तो फिर 'दृष्टिकोण' को लेकर झगड़ा क्यों? छोटे-मोटे मतभेद साथ बैठकर बान्धव भाव से तय किये जा सकते हैं।

लेकिन प्रगतिवाद 'सर्वहारा मानवतावाद' के लिए 'वैज्ञानिक दृष्टिकोण' अर्थात् मार्क्सवाद को अनिवार्य शर्त नहीं मानता। यहाँ फिर हावर्ड फास्ट की उसी पुस्तक से उद्धरण देने के लिए विवश होना पड़ता है : "आज महान लेखक होने के लिए कम्युनिस्ट होना ज़रूरी नहीं है लेकिन कम्युनिज्म के सत्य का साक्षात्कार करना ज़रूरी है, मानव जाति को प्यार करना ज़रूरी है और मानव के संघर्षों की मूर्त वास्तविकताओं (ऑबजेक्टिव रियलिटीज़) से सम्बन्ध रखे बिना मानवता के प्रति कोई सच्चा सम्मान या प्यार सम्भव नहीं है; आज़ादी को प्यार करना ज़रूरी है क्योंकि मानव जाति की आकांक्षाएँ, आशाएँ और सपने आज़ादी से अलग नहीं किये जा सकते। मानव को उसके सम्पूर्ण वैभव के साथ देखना ज़रूरी है—उसके वर्तमान और भावी दोनों वैभव को। विश्वास करना ज़रूरी है और स्वयं जीवन की मूर्त वास्तविकताओं से पृथक् कोई स्थायी विश्वास सम्भव नहीं है।" (पृ. 125)

यहाँ 'इंडियन लिटरेचर' संख्या 2 के उस निबन्ध का भी हवाला दिया जा सकता है जिसमें पूर्ववर्ती संख्या में प्रकाशित डॉ. रामविलास शर्मा के निबन्ध 'प्रगतिशील साहित्य क्या है' की आलोचना की गयी है। उसमें स्पष्टतः स्वीकार किया गया है कि प्रगतिशील आन्दोलन 'वैज्ञानिक दृष्टिकोण' वाले लेखकों का ही नहीं, बल्कि सभी देशभक्त लेखकों का आन्दोलन है, उनका भी जिनका दृष्टिकोण आदर्शवादी है। आगे चलकर उसमें यह भी कहा गया है कि प्रगतिशील साहित्य का सम्बन्ध केवल सर्वहारा वर्ग से ही नहीं है बल्कि मानव मात्र की मुक्ति से है, सम्पूर्ण मानव जाति की समस्त सद्भावनाओं से है। वस्तुतः 'सर्वहारा मानवतावाद' केवल सर्वहारा के लिए नहीं लड़ता, बल्कि सम्पूर्ण मानव जाति की मुक्ति के लिए लड़ता है क्योंकि सर्वहारा की मुक्ति से ही मानव जाति की मुक्ति सम्भव है।

इतने पर भी प्रगतिवाद लेखकों के दृष्टिकोण-वैविध्य पर रोक नहीं लगाता। प्रगतिवाद लेखक से दृष्टिकोण विशेष मनवाने का आग्रह भी नहीं करता। लेखक की आत्मानुभूति तथा ईमानदारी की क़द्र प्रगतिवाद

भी करता है क्योंकि वह रचनात्मक प्रतिभाओं पर सहसा सिद्धान्त का बोझ लादकर उनका विकास कुण्ठित करने की अपेक्षा उनके क्रमिक और स्वाभाविक विकास में योग देने का विश्वासी है। 'प्रगतिवाद' इस बात को अच्छी तरह समझता है कि रचनाकार संवेदनशील प्राणी है और उसका विकास किसी यान्त्रिक प्रक्रिया से तुरन्त नहीं हो सकता, वह मिट्टी का लोंदा नहीं है कि सिद्धान्तों की चाक पर घुमाकर उसे अभीष्ट रूप दे दिया जाय। एक रचनाकार ही रचयिता की इस संवेदनशीलता को समझता है। इसीलिए हावर्ड फास्ट ने अपनी पुस्तक 'लिटरेचर एंड रियलिटी' का उपसंहार करते हुए कहा है कि लेखक से उसकी आत्मा के सिवा सवाल पूछने वाला कोई नहीं है। 'अपने प्रति सच्चे बनो' यह रचयिता लेखक की अपेक्षा दूसरों के लिए कम मुश्किल है।

इतने पर भी यदि 'कल्पना' को प्रगतिवाद में 'रेजिमेंटेशन' की शिकायत है तो इसे स्वकल्पित आशंका अथवा अपडर के सिवा और क्या कहा जा सकता है।

प्रगतिवाद की समीक्षा-पद्धति के विषय में कल्पना-सम्पादक का कहना है कि 'पुराने सर्वमान्य साहित्यिकों की कृतियों को प्रतिक्रियावादी कहने का साहस नहीं होता, इसलिए उन्हें साँचे में 'फिट' करने का प्रयत्न किया जाता है। इन आलोचकों को कालिदास, ग्वेटे, शेक्सपियर और तुलसीदास की रचनाओं को नये ढंग की 'प्रगतिवादी' सिद्ध करने की चेष्टा करते देखकर बरबस हँसी आती है।'

इस प्रकार हँसी नयी नहीं है। पहले तो 'यह अभियोग लगाया जाता था वह पिछले साहित्य की परम्पराओं से तटस्थ और उनके प्रति उदासीन हैं' फिर 'पुरानी परम्परा का उल्लेख करने पर यह घोषित किया जाता है कि प्रगतिशील आलोचक तुलसीदास या भारतेन्दु को ज़बर्दस्ती प्रगतिशील बना रहे हैं।' (संस्कृति और साहित्य : भूमिका, 1947 ई., डॉ. रामविलास शर्मा)

इस तरह प्रगतिशील समीक्षक ऐसी शिकायतें पहले से सुनते आ रहे हैं। जिस दिन शुक्ल जी ने तुलसीदास को पलायनवादी फिर लोक संग्रही और वर्णाश्रम धर्म की मर्यादा बाँधने वाला कहा, उस दिन लोगों को हँसी नहीं आयी; कुछ पण्डितों द्वारा तुलसी को रामनामी उढ़ाकर उनके द्वारा

'रामराज्य परिषद' की स्थापना करवाते देख भी सम्पादक जी को हँसी नहीं आयी; उस युग में जब साहित्य समीक्षक सूर-तुलसी को अलग रखकर समीक्षा के अखाड़े में देव-बिहारी की कुश्ती कराते रहे तब भी सम्पादक जी को हँसी नहीं आयी। लेकिन आज जब प्रगतिवाद ने तुलसीदास के जनहितकारी तत्त्वों को उभारकर दिखाया तो उन्हें बिना हँसी की हँसी आ गयी। हमारी हिन्दी समीक्षा की परम्परा इस सत्य को नहीं छिपा सकती कि आचार्य शुक्ल से पूर्व तुलसी का अध्ययन-मनन साहित्य-समीक्षकों के बीच उतना नहीं हुआ जितना गाँव के किसानों के बीच। लेकिन जब तुलसीदास को किसानों का सगा कवि कहा गया तो प्रभुवर्ग ने तुरन्त उन पर घेरा डाल दिया। उनकी रचनाओं को 'नये ढंग की प्रगतिवादी' कहने का क्या अर्थ? क्या कुछ 'पुराने ढंग' का भी प्रगतिवादी है? शायद तुलसी साहित्य की सामाजिक पृष्ठभूमि में केवल अकबर का राज्य और हिन्दू-मुस्लिम संघर्ष को देखना पुराना प्रगतिवाद (?) रहा होगा क्योंकि उसमें तत्कालीन जनता के स्पन्दनों का अस्तित्व स्वीकार नहीं किया गया था। हो सकता है उनकी निगाह में उस समय बादशाह, राजा-महाराजा, धर्म के ठेकेदार आदि ही समाज में शेष थे, जनता तो सारी मर गयी थी!

सवाल यह नहीं है कि कालिदास, शेक्सपियर और तुलसी को प्रगतिवाद ने प्रगतिशील कहा या प्रतिक्रियाशील! सवाल यह है कि उनके किस तत्त्व को प्रगतिशील कहा? क्या उनके समूचे साहित्य को सर्वांग प्रगतिशील कहा? क्या उनको कम्युनिस्ट कहा? अगर उन आर्ष कवियों से दूसरों की तरह अपने पक्ष का समर्थन ही करवाना उद्देश्य होता तो प्रगतिवाद को कुत्ते ने नहीं काटा था जो उनकी रचनाओं का दो भागों में विभाजन करता, सामयिक सीमाओं से शाश्वत सत्य को अलग करता! सोलहो आने तुलसी को प्रगतिशील कहना कहीं अधिक सुरक्षित और प्रचार में सहायक होता! उनके अन्तर्विरोधों को स्पष्ट करते हुए भी उनके प्रति श्रद्धा भाव प्रकट करने का साहस सबसे पहले प्रगतिवाद ने ही किया और इसके लिए वह शर्मिन्दा नहीं है कि उसने परम्परा में उन्हीं तत्त्वों को प्रगतिशील कहा है 'जिसमें उच्च चिन्तन है, स्वाधीनता का भाव है, सौन्दर्य का सार है, सृजन की आत्मा है, जीवन की सचाइयों का प्रकाश है—

जो हममें गति, संघर्ष और बेचैनी पैदा करता है, सुलाता नहीं।' प्रगतिवाद ने अपने उन आर्ष कवियों को प्रगतिवादी नहीं प्रगतिशील कहा है; वे हमारे पूर्वज हैं इसीलिए उनकी प्रशंसा नहीं की है (क्योंकि बिहारी, केशव, ग्वाल आदि भी तो हमारे पूर्वज हैं) बल्कि इसलिए की है आज हम जिस अन्याय के विरुद्ध संघर्ष कर रहे हैं उसकी शुरुआत उन्हीं से हुई है, उन्हीं ने हमें वह चेतना दी है कि मानव-मुक्ति के लिए लड़ें, यह मशाल उन्हीं की दी हुई है। हमने उनके मशाल को अपनाया है—मशाल की रोशनी को, कालिख को नहीं।

इस कस्तूरी का आमोद हम शपथ द्वारा नहीं बतलाते! 'आदिकाव्य' पर डॉ. रामविलास ने निबन्ध लिखकर उस शक्ति और युक्ति का परिचय दिया है। आचार्य शुक्ल जैसे समर्थ समीक्षक भी वाल्मीकि के जिस काव्य में केवल प्रकृति का संश्लिष्ट चित्र सराहते रहे, उसमें सर्वप्रथम प्रगतिशील समीक्षक ने मानव-जग का उद्‌घोष देखा। 'दैव सम्पादितो दोषो मानुषेण मयाजितः!' की महिमा को प्रगतिवाद ने सबसे पहले पहचाना, निषादबिद्ध क्रौंच पर आठ-आठ आँसू रोने वाले आचार्यों ने नहीं!

इधर 'लोकगीतों' की बड़ी चर्चा है और कल्पना-सम्पादक ने प्रगतिवाद को लोकगीतों के रूमानी यथार्थ की चुनौती दी है! कैसी विडम्बना है कि शहर से ऊब कर नगरलग्न गाँवों में पिकनिक करने वाले बाबुओं को तो लोकगीतों से जननान्तर सौहृद हो और जो गाँवों की खाक छानते हैं वे उनके मर्म से अछूते हों। सम्पादक जी के अनुसार लोकगीतों में संघर्ष और रोटी कपड़ा की बातें कम और प्रेम, विरह, वियोग, बाललीला, भक्ति, वीरता आदि के वर्णन बहुत अधिक हैं। पता नहीं 'वीरता' की कैसी मानसी प्रतिभा उनके पास है? क्या लोकगीतों की वीरता प्रदर्शन के लिए की गयी कसरतों का वर्णन है, या किसी सूक्ष्म और हवाई शत्रु के विरुद्ध शक्ति की अभिव्यक्ति या दानवीरता ही तो नहीं है? संघर्ष से भिन्न वीरता का स्वरूप क्या है यह वही जानें।

रहा प्रेम, विरह, बाललीला आदि तथा रोटी-कपड़े का सम्बन्ध। काश सम्पादक जी भाँप पाते कि रोटी-कपड़े की समस्या तथा उसके लिए संघर्ष की भावना से प्रेम, विरह, बाललीला की भावनाएँ अलग नहीं हैं।

भूख और नंग प्रेम, विरह और बाललीला को प्रभावित किये बिना नहीं रहती। साहित्य में इनका संश्लिष्ट रूप सामने आता है। लोकगीतों का प्रेम और विरह शाश्वत तथा अपरिवर्तित नहीं है।

भुखिया के मारे विरहा विसरिगा भूल गयी कजरी कबीर।
देखिके गोरिया क चढ़ती जवनियाँ अब उठै न करेजवा में पीर।

नये लोकगीत का यथार्थ यह है! 'लोकगीतों' के विषय में लोगों की धारणा कुछ-कुछ ऐसी है कि लम्बी परम्परा से आते हुए गीत ही लोकगीत हैं। इस तरह के रूमानी दृष्टिकोण से सामयिक लोकगीत फिसल जाते हैं। लोकगीतों की मार्मिकता के कारण की व्याख्या, सम्पादक जी देखें, एक प्रगतिशील समीक्षक ने कैसी की है–"जन गीतों की लोकप्रियता का कारण भाषा का अनगढ़ सौन्दर्य, अलंकारों की नवीनता और शैली में हृदयग्राही सरलता ही नहीं है। लोकप्रियता का सबसे बड़ा कारण यह है कि जनकवि हमारे कलाकारों की अपेक्षा बाह्यजगत् से निकटतर सम्पर्क में आते हैं। इस बाह्यजगत् में स्वयं उनके जीवन का सबसे महत्त्वपूर्ण स्थान है। उनके सामाजिक जीवन की विभिन्न क्रियाएँ ही उनके गीतों में उस वेदना और आत्मीयता की सृष्टि करती हैं।" (रा.वि.शर्मा–साहित्य में जनता का चित्रण)

यह बात अपने लिखित शिष्ट साहित्य के भी विषय में कही जा सकती है। तुलसी की विनयपत्रिका की वेदना को तत्कालीन सामाजिक वेदना तथा काशी के पण्डितों द्वारा तिरस्कृत कवि की वेदना से अलग नहीं किया जा सकता। भक्ति की वेदना महामारी तथा भूख-नंग से अप्रभावित और अलग नहीं है। 'ग़मे इश्क़' और 'ग़मे रोज़गार' एक ही दिल में रहते हैं और ये द्वा सुपर्णा की तरह नहीं हैं।

प्रगतिवाद की इतनी ख़ामियाँ गिनाने के बाद 'कल्पना' ने स्थापना की है कि 'समाज का हित साहित्यकार का एकमात्र उद्देश्य नहीं है...सौन्दर्य सृष्टि द्वारा अलौकिक आनन्द का वितरण साहित्यकार का प्रधान उद्देश्य है।' यहाँ 'समाज-हित' से 'अलौकिक आनन्द' की भिन्नता और विशेषता स्पष्ट नहीं की गयी है। काश कि सम्पादक जी ठोस उदाहरण द्वारा इसे स्पष्ट करते और अलौकिक आनन्द की कोई मूर्त तथा बोधगम्य कसौटी बतलाते जिस पर कृति का परीक्षण होता!

यथार्थवाद के क्रमिक-सोपान

इस प्रकार 'कल्पना' ने प्रगतिवाद पर जो आरोप लगाया है उन सबका उत्तर प्रगतिवाद में बहुत पहले से मौजूद है। लेकिन यह कहते हुए मैं इस तथ्य पर भी परदा डालना नहीं चाहता कि 'कल्पना' के आरोपों के समर्थन में भी यत्र-तत्र प्रगतिवादी समीक्षा से कुछ उद्धरण मिल सकते हैं। लेकिन इस तरह वकीलों की तरह पर-पक्ष खण्डन के लिए अपने काम की बातें निकालकर आलोचनाबाज़ी करने के पक्ष में मैं नहीं हूँ। यदि केवल प्रगतिवाद का खण्डन ही करना उद्देश्य है तब तो कोई बात नहीं। लेकिन जैसा कि मुझे विश्वास है, कल्पना ने सद्भावना के साथ प्रगतिवाद को स्वस्थ ढंग से विकसित करने तथा हिन्दी के आधुनिक रचनाकारों का पथ-निर्देश करने के लिए आलोचना की है, इसलिए यथार्थवाद की समस्या को ऐतिहासिक ढंग से देखना अधिक वैज्ञानिक होगा।

साहित्यिक यथार्थ प्रगतिवाद की सर्वथा नयी देन नहीं है। इसकी पूर्व-परम्परा है और वह परम्परा बड़ी महान है। एफ. डी. क्लिंजेंडर ने 'मार्क्सिज़्म एंड मॉडर्न आर्ट' 1943 ई. में यूरोपीय साहित्य के 'सामाजिक यथार्थ' का ऐतिहासिक अध्ययन प्रस्तुत किया है। उनके अनुसार अरस्तू ने जब कला को 'अनुकृति' कहा तो वह भी एक यथार्थ था लेकिन जब चेरनिशेव्सकी ने कला को 'पुनरुत्पादन' (रीप्रोडक्शन) कहा तो अरस्तू के फ़ोटोग्राफ़ी वाले सिद्धान्त को रचनात्मक रूप दिया। चेरनिशेव्सकी ने कलाकार की चेतन सत्ता को महत्त्व देते हुए कला को वस्तुजगत् से ऊपर नूतन सृष्टि बतलाया। लेकिन यह सिद्धान्त भी फायरबाख़ के जड़ भौतिकवाद की तरह 'वस्तुसत्य' का मात्र व्याख्याता था। साहित्य में यह निष्क्रिय यथार्थवाद तत्कालीन कृतियों में प्रकृतवाद (नेचुरलिज़्म) के रूप में प्रकट हुआ। मार्क्स ने फायरबाख़ के भौतिकवाद को चेतन और सक्रिय बनाते हुए वस्तु के अन्तःसौन्दर्य को भी प्रकट किया और 'संवेदनशील मानव क्रियाओं के सक्रिय रूप' को साहित्य का विषय बनाया। प्लेखानोव ने इस सक्रिय यथार्थ को फिर 'सापेक्षता' से जकड़ दिया। फलतः सोवियत यूनियन की 'रैप' संस्था ने प्राचीन साहित्यकारों को युग और वर्ग की कठोर शृंखलाओं में जकड़ दिया और वे तमाम भूलें कीं जिन्हें 'कल्पना' ने

हिन्दी प्रगतिवाद में दिखलाया है। लेनिन ने प्लेखानोव के 'सापेक्ष यथार्थवाद' से सोवियत साहित्य को मुक्त किया और 'निरपेक्ष' यथार्थवाद की स्थापना की जिसके अनुसार प्राचीन युग के महान साहित्यकार युग और वर्ग की सापेक्ष सीमाओं के होते हुए भी उनसे ऊपर निरपेक्ष सत्य के द्रष्टा तथा स्रष्टा थे। लेनिन के सिद्धान्त ने नये साहित्यकारों को पक्षधर चेतना का सन्देश दिया जो मार्क्स के 'सोद्देश्यता' वाले सिद्धान्त का अगला क़दम था। सोवियत साहित्य में यह मान्यता 'समाजवादी यथार्थवाद' के नाम से प्रतिष्ठित हुई और गोर्की ने सर्वप्रथम इसका सैद्धान्तिक तथा व्यावहारिक पक्ष सामने रखा। गोर्की ने समूची साहित्यिक परम्परा को बुर्जुवा मानवतावाद (या सर्वहारा यथार्थवाद) दो भागों में विभाजित किया। इस विभाजन का अभिप्राय मानवतावाद या यथार्थवाद के प्रथम और द्वितीय क्रमिक चरणों का निर्देश करना है। गोर्की ने स्पष्ट शब्दों में कहा है कि परिवर्तित युग सत्य के परिवेश में बुर्जुवा मानवतावाद का सच्चा उत्तराधिकारी सर्वहारा मानवतावाद ही हो सकता है। आज सोवियत यूनियन का साहित्य उसी मानवतावाद की पूर्णता की ओर बढ़ रहा है। इससे 'बुर्जुवा यथार्थवाद' का महत्त्व कम नहीं किया गया है। 'उन साहित्यकारों को राजनीतिक विश्वासों तथा पार्टी-सदस्यता के कारण बुर्जुवा यथार्थवादी नहीं कहा जाता; ऐसा केवल जीवन-दर्शन के कारण कहा जाता है जो भौतिकवादी नहीं बल्कि आदर्शवादी रहा है। इस दृष्टिकोण के कारण वे सीमित तो हो गये किन्तु महान और सर्वांग साहित्य रचना में उन्हें बाधा नहीं पहुँची क्योंकि वे वास्तविकता का सार पकड़ने में समर्थ थे।' (लिटरेचर एंड रियलिटी, पृ. 48)

हिन्दी में भी जब प्रगतिवाद यथार्थ की घोषणा करता है तो 'आर्ष यथार्थवाद' को नहीं भूलता जिसकी परम्परा व्यास, वाल्मीकि, कालिदास, भवभूति, कबीर, सूर, तुलसी, भारतेन्दु, प्रेमचन्द जैसे रचनाकारों तथा भरत, आनन्दवर्धन, अभिनवगुप्त, रामचन्द्र शुक्ल, हजारी प्रसाद द्विवेदी आदि समीक्षकों द्वारा निर्मित हुई है। इस 'आर्ष यथार्थवाद' की सीमाएँ हैं और उसमें क्रमिक विकास भी होता रहा है। आधुनिक युग में यह यथार्थ भावना किस प्रकार विकसित हुई इसका कुछ आभास इसी से हो सकता है कि कभी साहित्य के साथ 'जीवन' का नाम लिया जाता था, फिर 'समाज' का नाम

लिया जाने लगा, उसके बाद समाज में 'लोकमंगल' को मुख्य कहा गया और अन्त में प्रगतिवाद ने उस 'लोक' के स्थान पर 'जन' या जनता को रखा। यह परिवर्तन केवल शब्दों का स्थानान्तरण नहीं है बल्कि वास्तविकता के क्रमशः मूर्तीकरण का प्रतीक है।

हमारे यहाँ प्रगतिशील आन्दोलन का आरम्भ उस समय हुआ जब सोवियत यूनियन में संकीर्ण 'रैप' को भंग करके समाजवादी यथार्थवाद की स्थापना हो चुकी थी। इसलिए आरम्भ में प्रगतिवाद उस संकीर्णतावाद से सतर्क था। यही कारण है कि हमारे साहित्य की समस्त शक्तियाँ सहज ढंग से नयी दिशा की ओर उमड़ चलीं उसमें रवीन्द्रनाथ, प्रेमचन्द, निराला, पन्त, महादेवी सभी आ मिले। यह बुर्जुवा मानवतावाद का सर्वहारा मानवतावाद की ओर अग्रसर होने का पहला क़दम था जिसमें कहीं हार्दिक और कहीं बौद्धिक सहानुभूति की सहृदयता थी। किन्तु इसके बाद जिस गति से मध्यवर्ग और सर्वहारा का साहचर्य होना चाहिए था, नहीं हुआ। फलतः मध्यवर्गीय लेखकों के दृष्टिकोण और अनुभव में दरार पड़ गयी, खाई आ गयी। अनसधे आलोचकों ने आत्म समीक्षा शुरू कर दी या यों कहिए उन्हें जल्दी थी। यहाँ जैक बीचिंग का यह कथन याद आता है : "मार्क्सवाद वर्तमान को भी भविष्य के दृष्टिकोण से देखने की शक्ति देता है यानी 'जो है उसे होनहार' रूप में देखने की शक्ति। यह ख़तरनाक और मुक्तिदायक दोनों है। यह शक्ति ख़तरनाक इसलिए है कि आगे देखने में आदमी राजनीतिक घटनाओं को छोटी करके देखने लगता है और आकांक्षा तथा अधीरता के कारण समय पार कर जाता है।"–(आमुख, नावेल एंड द पीपुल)

खेद के साथ कहना पड़ता है कि डॉ. रामविलास शर्मा आदि कुछ प्रगतिशील समीक्षकों ने यही ख़तरनाक काम कर दिया जब उन्होंने सभी लेखकों से 'वैज्ञानिक दृष्टिकोण' की माँग की। लेकिन प्रगतिवाद किसी एक साहित्यकार की व्यक्तिगत सम्पत्ति नहीं है। जनता की जिस शक्ति ने सन् 36 के आसपास 'बुर्जुवा मानवतावाद' को 'सर्वहारा मानवतावाद' की ओर उन्मुख होने अथवा रूपान्तरित होने के लिए बाध्य किया, उसी अजेय शक्ति ने फिर इस ग़लत क़दम को सँभाला। प्रसन्नता की बात है कि 'कल्पना'

ने भी इसमें अपना कन्धा लगाया है जो 'भटकाव' की आलोचना द्वारा इसे सही दिशा देने में योग दिया है। मुझे पूरी आशा है कि 'कल्पना' भी दिनकर के इस विश्वास को बल देगी कि 'प्रगतिवाद जो हमारे लिए इतना सम्मोहक शब्द हो गया है, किसी भी प्रकार साम्यवाद का पर्याय नहीं हो सकता।' इसी आस्था ने मुझे 'कल्पना' के सम्पादकीय के सम्मुख प्रगतिवाद के स्पष्टीकरण के लिए विवश किया।

यह हमारे लिए लज्जा की बात है कि हमने अपने प्रगतिशील आन्दोलन को बीच के कुछ वर्षों तक कुछ समीक्षकों के सहारे छोड़कर भटक जाने दिया। उन समालोचकों के साथ हम भी दोषी हैं। ऐसे भटकावों से राजनीतिक दल समाप्त हो सकते हैं लेकिन साहित्य की अजस्र धारा नहीं सूखती; भटकाव शाखा नदी या नाला बनकर सूख जाते हैं। इसीलिए प्रगतिशील साहित्यिक आन्दोलन आज भी प्रवहमान है।

ऊपर 'साहित्यिक यथार्थ और प्रगतिवाद' के स्पष्टीकरण में जितने उद्धरण आये हैं उनमें अधिकांश कम्युनिस्ट साहित्यकारों के इसलिए हैं कि आरोप के लक्ष्य प्रायः वही बनाये जाते हैं और हिन्दी में भी डॉ. रामविलास शर्मा के उद्धरण इसलिए ज़्यादा दिये गये हैं कि प्रगतिवादी संकीर्णता का सारा श्रेय उन्हीं को मिलता है, इसलिए बेहतर है कि उन आरोपों का उत्तर उन्हीं की रचना दे।

22 नवम्बर, 1952

लोक साहित्य और कला के प्रति एक दृष्टिकोण

इस समय बुद्धिजीवी मध्यवर्ग की ओर से लोक भाषा, लोक साहित्य, लोक कला और लोक संस्कृति के सम्बन्ध में जितने प्रयत्न हो रहे हैं प्रायः उनमें से अधिकांश के मूल में या तो म्यूज़ियम रुचि है या 'पिकनिक रुचि'।

म्यूज़ियम रुचि वाले मनीषी लोक-प्रचलित गीतों, कथाओं, प्रथाओं, भितित्तचित्रों, माटी की मूरतों आदि के उद्धार, संग्रह और संरक्षण की अपील करते रहते हैं। पुराने खँडहरों, शिलालेखों, ताम्रपत्रों, सिक्कों, मूर्तियों, चित्रों और हस्तलिखित ग्रन्थों की तरह लोक कृतियों में भी उनकी दिलचस्पी है। जिस हद तक इन चीज़ों में उन्हें पुरातत्त्व की सामग्री मिलती है उसी हद तक वे इनसे ताल्लुक़ रखते हैं। उनके लिए समूह लोक संस्कृति पुरातत्त्व का एक अंग है। निस्सन्देह वे इतिहास लिखते समय इन लोक कृतियों का यथास्थान उपयोग करते हैं लेकिन यह उपयोग अक्सर आभिजात्य कृतियों का आदिम और आरम्भिक रूप दिखाने तक ही सीमित रहता है। स्वतन्त्र इकाई के रूप में लोक कृतियों का महत्त्व आँकने की ज़रूरत नहीं समझी जाती। इतना ही नहीं, उन विद्वानों को आधुनिक लोक कृतियों से ज़्यादे मतलब नहीं है। थोड़ा और कुरेदने पर पता चलेगा कि उन्हें केवल लोक कृतियों में दिलचस्पी है उनके बनाने वाले लोक जीवन में नहीं।

पिकनिक रुचि वाले रसिक इनसे कुछ अलग हैं। उन्हें गाँवों की पुरानी कहानियों, गीतों, कलाकृतियों के उद्धार, संग्रह, संरक्षण आदि की उतनी चिन्ता नहीं है। शहरी ज़िन्दगी से उकताकर ये थोड़ी तफ़रीह चाहते हैं। इसलिए स्वाद बदलने के लिए वे थोड़ी देर लोक-प्रचलित साहित्य की रूमानी दुनिया में सैर-सपाटा कर लेते हैं। इन चीज़ों के प्रति उनके मन में

एक प्रकार का आभिजात्य कुतूहल और मीठा विस्मय होता है। ग्राम-गीतों और कलाओं की अनगढ़ता-बर्बरता, सादगी, सरलता, बचकानापन आदि इनके परिष्कृत चित्र को अनोखे ढंग से गुदगुदा जाते हैं। ये गाँव की गोरी और गाँव की कविता दोनों को एक ही निगाह से देखते हैं। सचमुच ही इन सबसे उनका दिल बहलता है। साहब, किरानी, सेठ, शिकारी, घुमक्कड़, सिने-निर्देशक, गायक, कवि और कहानीकार सब पर इनकी अलग-अलग प्रतिक्रिया होती है। लेकिन उन सबके मूल में प्रवृत्ति प्रायः वही एक है। इधर लोकगीत के धुन की भद्दी नक़ल तथा कुछ देहाती दृश्यों और नृत्यों वाली फ़िल्मों, गँवई जीवन पर लिखी कहानियों और कविताओं में ज़्यादा फ़र्क़ नहीं है।

लेकिन इस म्यूज़ियम रुचि और पिकनिक रुचि का दूसरा पहलू भी है। ये प्रवृत्तियाँ एकदम नयी नहीं हैं। अपने देश में लोक संस्कृति सम्बन्धी खोज तथा दिलचस्पी आधुनिक युग के साथ ही आरम्भ हुई थी। 19वीं सदी के सांस्कृतिक पुनर्जागरण का यह भी एक अंग था। राष्ट्रीय इतिहास का गौरवशाली ढाँचा खड़ा करने के लिए हमारे इतिहासकारों ने लोक संस्कृति की सामग्रियों का उद्धार उपयोग करने में बड़ी तत्परता दिखायी। उन्होंने राजाओं के इतिहास के कंकाल को लोक कृतियों की सहायता से जीवन्त बनाने का प्रयत्न किया। यह कार्य हमारे स्वतन्त्रता संग्राम का महत्त्वपूर्ण अंग है। उस पुनरुत्थान युग की 'पिकनिक रुचि' भी राष्ट्रीय आन्दोलन से सम्पृक्त है। लोक गीतों के रूमानी लोक में लौटने की मनोवृत्ति से शहरी जीवन की ऊब के प्रति असन्तोष तो प्रकट होता ही है। निस्सन्देह आज़ादी के उस जनतान्त्रिक आन्दोलन में शहर और गाँव, मध्यवर्ग और किसान-मजूर साथ आ गये थे। लोक गीत, लोक कथा तथा लोक संस्कृति के प्रति उन युग में दिलचस्पी बनने का यही कारण है।

लेकिन सामाजिक विकास के साथ शहर और गाँव, मध्यवर्ग और निम्न वर्ग के आपसी सम्बन्धों में परिवर्तन हुआ। होना तो यह चाहिए था कि लोक संस्कृति विषयक पुरातात्विक और कविजन सुलभ रूमानी मनोवृत्ति में कुछ और विकास होता। लेकिन ऐसा नहीं हो सका। यही कारण है कि इस शताब्दी के आरम्भ वाले पुरातात्त्विकों की लोक संस्कृति सम्बन्धी

ऊर्जस्वित अनुरक्ति आज के बुझी लुकाठी बटोरने वालों में नहीं मिलती। इसीलिए आरम्भिक स्वच्छन्दतावादी कवियों का लोक गीत प्रेम आज के प्रगतिवादी-प्रयोगवादी पद्यकारों और गीतकारों के अनुकरणों में नहीं मिलता। यदि इस दिशा में उस समय किये गये कार्यों से आज के कार्यों की तुलना की बानगी देखनी हो तो पं. रामनरेश त्रिपाठी की ग्रामगीतों वाली 'कविता कौमुदी' के बराबर देवेन्द्र सत्यार्थी की अनेक पोथियों को रखकर देख लीजिए। वास्तविक अनुरक्ति और अतिरिक्त रूमानियत का अन्तर स्पष्ट हो जायेगा—अन्तर केवल गीतों के चयन में ही नहीं, उसकी व्याख्या में भी है।

इसका मतलब यह कतई नहीं है कि सदी के शुरू वाला पुरातात्त्विक और स्वच्छन्दतावादी रुख़ आज फिर से चालू किया जाय। नहीं, सामाजिक वास्तविकता आगे बढ़ चुकी है और उसी के अनुसार लोक-संस्कृति सम्बन्धी दृष्टिकोण अपनाना पड़ेगा। निस्सन्देह गत युग के दृष्टिकोण और प्रणाली में कुछ-न-कुछ सचाई अवश्य है, लेकिन वह आधी सचाई है इसीलिए आज के लिए वह झूठ है। आज सचाई तो दुनिया की बुरी से बुरी प्रथा में यहाँ तक कि फासिज़्म में भी दिखायी जा सकती है। वस्तुतः 'सब साँच मिले सो साँच है, ना मिले तो झूठ।' इसीलिए आज लोक संस्कृति के प्रति जो म्यूज़ियम रुचि और पिकनिक रुचि है वह अग्राह्य है।

जब लोक साहित्य और लोक कला के विषय में हमारा दृष्टिकोण ही ग़लत है तो उस दिशा में किया गया सारा प्रयत्न निष्फल जाय तो कोई आश्चर्य नहीं। साफ़ देखा जा सकता है कि लोक साहित्य और लोक कला के बारे में इतना हाथ-पाँव मारा जा रहा है लेकिन न तो लोक संस्कृति में कोई प्रगति हो सकी है और न राष्ट्रीय संस्कृति उससे समृद्ध ही हो पायी है।

इसलिए सबसे पहले यह समझ लेना चाहिए लोक साहित्य, लोक कला, लोक संस्कृति और लोक भाषा का उद्धार, संग्रह, संरक्षण तथा अध्ययन किसलिए? केवल ज्ञान की प्यास बुझाने के लिए? केवल शहरी ज़िन्दगी की थकान दूर करने के लिए? केवल दिमाग़ी ऐयाशी के लिए? संग्रहालय समृद्ध करने के लिए? मध्यवर्गीय ड्राइंगरूम सजाने के लिए? बढ़ते हुए लोक-आन्दोलन को सन्तुष्ट करने के लिए? व्यापक जन असन्तोष को अपने अनुकूल बनाने के लिए? सामाजिक विषमता पर परदा डालने के लिए?

तय है कि आज इन सवालों के जवाब में 'हाँ' कहने का नैतिक बल किसी के भीतर नहीं है। इसलिए अपने दिमाग़ में यह अच्छी तरह बैठा लेना चाहिए कि सिद्धान्त और व्यवहार दोनों में लोक संस्कृति सम्बन्धी सारा प्रयत्न लोक के लिए है। मानना पड़ेगा कि इधर का सारा प्रयत्न केवल मध्यवर्ग के लिए रहा है। लोक साहित्य और लोक कला पर हमने जो कुछ लिखा है उसका फायदा स्वयं जनता ने कुछ भी नहीं उठाया है। ये लोकवार्ताएँ मौखिक परम्परा में कहीं नष्ट न हो जायें इसकी चिन्ता तो हमें बहुत रही, लेकिन इन लोकवार्त्ताओं के वाहक या संरक्षक नष्ट न हो जायें इसकी ओर हमारा ध्यान भी नहीं गया। इसलिए मानना पड़ेगा कि लोक भाषा, लोक साहित्य, लोक कला आदि के उद्धार, संग्रह, संरक्षण और अध्ययन का अर्थ है जनता का उद्धार, संग्रह, संरक्षण और अध्ययन। लोक साहित्य लोक जीवन से अलग नहीं है। इसलिए लोक साहित्य केवल अतीत नहीं बल्कि वर्तमान और साथ ही भविष्य भी है। लोक साहित्य उसी तरह हमारी तफ़रीह का सामान नहीं हो सकता जैसे जनता। जनता को छोड़कर लोक साहित्य को अपनाने का अर्थ है किसी की अस्मत लूटकर उसको—उसके शरीर को ठुकरा देना।

इस प्रकार लोक साहित्य को उसके समूचे परिवेश के साथ अपनाना होगा। मालिनी नदी और तपोवन के सजीव वातावरण की पटभूमि के अभाव में दुष्यन्त को शकुन्तला का चित्र अपूर्ण लगा था। उन्होंने चित्र के सभी दोष दूर कर दिये थे 'तथापि तस्या लावण्यं रेखया किंचिदन्वितम्'। इसीलिए सोचते-सोचते कुशल चित्रकार दुष्यन्त ने विचार किया—

कार्या सैकतलीनहंसमिथुना स्रोतोवहा मालिनी
पादास्ताभमितो निषण्णहरिणा गौरीगुरोः पावनाः।
शाखालम्बितवल्कलस्य च तरोर्निर्मातुमिच्छाम्मधः
शृंगे कृष्णमृगस्य वामनयनं कण्डूयमानां मृगीम्।।

लोकगीतों और लोक कलाओं का अध्ययन भी इसी तरह, लोकजीवन के बिना अपूर्ण है। मधुर लोकगीतों के प्रसंग में गन्दे गँवार किसानों की चर्चा पर, सम्भव है, कुछ लोग भीतर ही भीतर कुढ़ें! माढव्य ने तो उस

समय राजा के इस कथन पर मन ही मन मज़ाक़ में कहा था कि अब यह तपस्वियों के लम्बकूर्च (श्मश्रु आदि) से चित्रफलक को भर देगा, लेकिन आज तो उस कुढ़न में और ही सचाई होगी।

सारांश यह कि लोक जीवन को जानने पर ही लोक साहित्य और लोक कला का वास्तविक ज्ञान सम्भव है और लोक जीवन को जानने के लिए उसे प्यार करना होगा; यहाँ केवल बौद्धिक सहानुभूति से काम न चलेगा। किसी को जानने के लिए उससे प्यार होना ज़रूरी है लेकिन प्यार की प्रगाढ़ता के लिए क्रमशः एक-दूसरे को अधिकाधिक जानना भी उतना ही ज़रूरी है। तभी लोक साहित्य का सौन्दर्य और शक्ति समझना सम्भव है, तभी उस सौन्दर्य और शक्ति के कारणों का बोध भी सम्भव है।

लोक जीवन को न जानने के कारण ही लोक साहित्य और लोक कला में केवल अनगढ़ता, सादगी, सरलता, बचकानापन तथा बर्बरता को ही सौन्दर्य समझा गया। विश्लेषण करने पर लगेगा कि अनगढ़ता वस्तुतः शिल्प-संस्कार है, सादगी में भी अलंकृति है; सरलता में भी बाँकपन है; बचकानेपन में भी प्रौढ़ता है और बर्बरता में भी सौम्य सभ्यता है। यह ज़रूर है कि 'अस मानस मानस-चख चाही।' और यह मानस-चख जनता के प्रति निश्छल स्नेह से ही खुलता है लेकिन उन्हें सुन्दर और शक्तिशाली ही कहना काफ़ी नहीं है। ज़रूरी है सुन्दरता और शक्ति के कारणों का पता लगाना। रचना का सौन्दर्य और शक्ति कलाकार और उसके समाज (श्रोता, दर्शक, पाठक सभी) के सम्बन्ध की प्रगाढ़ता में निहित है। दूसरे शब्दों में, कलाकार और वास्तविकता के सम्बन्ध पर ही रचना की क्षमता निर्भर है। कहना न होगा कि लोक साहित्य और कला में सम्बन्ध की यह प्रगाढ़ता अपनी चरम सीमा पर होती है क्योंकि वहाँ कलाकार अपने निकटवर्ती जीवन की वास्तविकता को प्रतिध्वनित करने में तत्काल प्रस्तुत रहता है क्योंकि वह उस वास्तविकता का सक्रिय अंग होता है। वहाँ की सदियों लम्बी मौखिक परम्परा में वही रचना जीवित रह पाती है जो सीधे ढंग से सचाई को आत्मीयता के साथ व्यक्त करती है। इस होड़ में अनेक चीज़ें झड़ भी जाती हैं। इसलिए लोक साहित्य और लोक कला के प्रति सही दृष्टिकोण का मतलब है उसकी शक्ति के कारणों को समझना।

प्रायः लोक साहित्य में परम्परापालन की अधिकता तथा नवोन्मेष की कमी बतलायी जाती है। परम्परापालन की अधिकता तो अवश्य उनमें होती है परन्तु वह लोक साहित्य में अद्भुत शक्ति बनकर आती है। संस्कृत और हिन्दी के मध्ययुगीन साहित्य में भी यह प्रवृत्ति देखी जा सकती है। कुमारसम्भव, अभिज्ञान शाकुन्तल, किरातार्जुनीय, रामचरितमानस आदि का कथांश प्रायः परम्परित ही रखा गया है लेकिन वह सर्वथा परम्परा मुक्त नहीं है। उसमें यत्किंचित् परिवर्तन करके ही रससिद्ध कवियों ने अपने युग को अभिव्यक्त कर डाला है। वस्तुतः उस युग में सर्वथा नवकल्पित कथांश द्वारा रस-सृष्टि की योजना बहुत सुखद नहीं समझी जाती थी। इससे उन काव्यों में कोई कमज़ोरी नहीं आयी है। लोकगीतों के परम्परा-निर्वाह के विषय में भी यह बात स्मरण रखने योग्य है। वैसे, नवीनता का अक्षय कोष भी वहीं मिलेगा। किन्तुः उनकी वास्तविक शक्ति परम्परा और प्रगति के सुन्दर सामंजस्य में है।

लोक साहित्य के प्रति सही दृष्टिकोण का मतलब है उसकी उर्वरा शक्ति को पहचानना। प्रायः हमारे साहित्य का गौरवशाली युग वही रहा है जिसमें लोक साहित्य और आभिजात्य साहित्य में घनिष्ठतम सम्बन्ध रहा है अथवा कम-से-कम अन्तर रहा है। सन्त-भक्ति युग इसका प्रमाण है जो मूलतः लोक साहित्य ही था। ऐसा घनिष्ठ सम्बन्ध छाया-युग में तो नहीं रहा फिर भी हिन्दी में सन्त-भक्ति काव्य के बाद वही एक ऐसा काम है जिसके पीछे लोक-काव्य तथा लोक-सहयोग की अद्भुत शक्ति थी। लोक साहित्य के पार्थक्य से आभिजात्य साहित्य की क्या गति होती है इसे रीतिकाव्य में देखा जा सकता है। इसलिए मध्यवर्गीय साहित्य को शक्तिशाली और लोकोन्मुखी बनाने के लिए भी आज उसे लोक साहित्य तथा लोक जीवन की उर्वराशक्ति से लाभ उठाना होगा। लेकिन यह स्पष्ट हो जाना चाहिए भावी साहित्य का भव्य रूप वर्तमान लोक साहित्य के आधार पर उसका ही विकसित रूप होगा। अब ह्रासोन्मुखी मध्यवर्गीय साहित्य के विकसित होने की आशा नहीं है। फल फूल में लगता है, फल में नहीं—हाँ फल में भी फल लगता है लेकिन उस समय जब फल के बीज को पुनः धरती से सम्बद्ध किया जाता है। इसी तरह जब तक मध्यवर्ग लोक जीवन से सम्बद्ध और

तदाकार नहीं होगा, उसमें नया अंकुर न निकलेगा। इसलिए लोक साहित्य का अध्ययन करते समय बराबर ध्यान में रखना है कि यह लोक साहित्य को ही विकसित और प्रौढ़ करने के लिए है।

अन्त में, लोक साहित्य पर विचार करते समय वर्तमान लोक साहित्य की कमज़ोरियों के प्रति सतर्क रहना बहुत ज़रूरी है। अक्सर जनता-जर्नादन का गुण ज्ञान और लोक साहित्य की आशंसा करते समय हम एकदम भूल जाते हैं कि यह सब किस युग के लोक साहित्य को ध्यान में रखकर कह रहे हैं। इस बात पर पर्दा नहीं डाला जा सकता कि मध्ययुगीन लोक गीतों तथा कथाओं के मुक़ाबले वर्तमान लोकगीत और कथाएँ नहीं तुलतीं। वस्तुतः इस युग के उपरले वर्ग के अधःपतन की विषैली छाया लोक जीवन पर भी पड़ी है इसीलिए लोक साहित्य भी आभिजात्य साहित्य की तरह पतित हुआ है। नगरों की अतिशय व्यवसाय केन्द्रीयता ने गाँवों के जीवन को विशृंखल बना दिया है। ऐसी दशा में लोक साहित्य तथा लोक कला को धक्का लगना स्वाभाविक है। फिर भी विकास के बीज वहीं है। इसलिए लोक साहित्य के प्रति सही दृष्टिकोण का अर्थ है उसका रूपान्तर करना और साहित्य का रूपान्तर जीवन के ही रूपान्तर से सम्भव है।

निश्चित है कि जब तक हमारा दृष्टिकोण साफ़ और सच्चा न होगा, ऊपर-ऊपर से लोक संस्कृति सम्बन्धी किया गया सारा प्रयत्न बेकार होगा।

अपने बारे में

मैं नहीं मानता कि अपने बारे में कहना बड़ा कठिन है और यह भी नहीं कि 'कविता ही कवि का परम वक्तव्य है; अतः यदि कविता के स्पष्टीकरण के लिए गद्य का आश्रय लेकर कुछ कहना पड़े तो साधारणतया इसे उसकी पराजय समझनी चाहिए।' अपनी कविता की सफ़ाई गद्य में दी तो, पद्य में दी तो—बात एक ही है। बल्कि पद्य की सफ़ाई चिंत्य : एक तो अस्पष्ट, दूसरे माध्यम का दुरुपयोग। रही अपने बारे में कहने की कठिनाई। कठिनाई केवल शिष्टता और उपचार की है। अन्यथा, सचेत कवि अपने बारे में आलोचकों से कहीं साफ़ और सही जानता है। पन्त-निराला-प्रसाद प्रमाण हैं। यों थोड़ी-सी शिष्टता दिखाकर कहते सब हैं। 'कवित विवेक एक नहिं मोरे' कहने वाले महाकवि को भी अपने 'मानस' के विषय में 'अरथ अनूप सुभाव सुभासा', 'धुनि अवरेव कवित गुन जाती', 'नव रस जप तप जोग विरागा', 'भगति निरूपन विविध विधाना' आदि का समावेश बखानना पड़ा। आदि कवि भी 'पादबद्धोक्षर समः तन्त्री-लय-समन्वितः' इंगित करने का लोभ संवरण न कर सके। भवभूति की झल्लाहट तो बहुतों के लिए ढाल हो गयी। ग़रज़ कि सबने 'निज निज मुखन कही निज होनी।' हाँ, कहने के ढंग में फरक हो सकता है। तुलसी ने भी कहा और शॉ ने भी। अस्तु, साथियों की सूझबूझ पर काफ़ी भरोसा रहते हुए भी मुझे अपने काव्य-प्रयत्नों के विषय में कहना पड़ रहा है। कहना है औरों के लिए नहीं, अपने लिए—आत्मनिरीक्षण, आत्मनिर्माण के लिए भी। राह इसी तरह मिलती है। यों तो होनी का बयान उसी का सोहता है जो कुछ हो चुका हो या होनहार हो। तथापि एक 'कवियशः प्रार्थी' के बारह वर्षों की 'असफलताओं' की कहानी का भी

कुछ महत्त्व हो सकता है। अस्तु, अपनी बात तीन उपशीर्षकों में कहूँगा—(1) आत्मनिर्माण की कथा, (2) कृत का विश्लेषण, (3) कर्तव्य की दिशा।

(1)

निर्माण के चार सोपान—ब्रजभाषा काव्य की नकल (39-40), प्रेमगीतों का प्रलाप (41-44), प्रकृति वर्णन और फिर भाव-तरलित प्रकृति चित्रण (45-48), अन्तर्गूढ़ अनुभूतियों के एपिग्रैम (51)। लीजिए अब पूरी ख़बर सुनिये।

पद्यबन्धी शुरू की ईस्वी सन् 39-40 के आस-पास। लड़कपन ही कहना चाहिए उसे, यों उम्र तेरह-चौदह से कम न थी : ठीक रवि बाबू के फटिक चंद की। वयः सन्धि। लड़कपन इसलिए भी कि गाँव के लड़के शहरवालों से यों भी पाँच-छह बरस छोटे होते हैं : जवान और बूढ़े भी पीछे होते हैं। इससे यह न समझना चाहिए कि इसी उम्र में कविता शुरू करने वाले अन्य बड़े कवियों की तरह यहाँ भी सरस्वती देवी की विशेष कृपा थी। यह मुग़ालता न तब था, न अब। किसान का बेटा मेहनत का विश्वासी रहा है। कृपा थी अन्त्याक्षरी देवी की। कविताएँ याद थीं—सभी प्रायः मध्ययुगीन ब्रजकवियों के कवित्त सवैये। इतनी रटाई कुछ तो पैदा करती। रहा होगा पहला कवि वियोगी और नहीं तो यह लक्षित करनेवाला ही, लेकिन यह कवि नहीं। फलतः चीज भी वैसी ही निकली। जितनी बड़ी प्रेरणा उतनी बड़ी कविता—

एक ओर :

साजि सब कटक अटक नहिं राखिचित
हन्योट्टिटहिटलर पोलैंड हिम टूटिगो!

दूसरी ओर :

आस दुइ मास प्रिय-मिलन अवधि की है
उमगै उरोज रहै कंचुकि मसकि मसकि!

पहली पर शाबाशी मिली और दूसरी पर हेडमास्टर की झिड़की! अर्थ भी पूछा गया और मैं कंचुकी तथा उरोज का सम्बन्ध स्थापित न कर सका! देहाती मिडिल का विद्यार्थी होना सिद्ध हो गया। रचना का लक्ष्य केवल

छन्द-घटन था। भाव से क्या मतलब! इस प्रकार इस तुकाराम ने आँख भी खोली तो ब्रजकाव्य में जब शहरों में उसकी चिन्ता शान्त हो चुकी थी और छायावाद ज़माने की तीखी धूप में बिला रहा था। फिर भी मुझे आवाज़ापुर के बा. सूबेदार सिंह, रामगति सिंह, जयचन्द सिंह, अमरेश भट्ट, और श्याम नारायण गुप्त की वह गोष्ठी न भूलेगी जहाँ ब्रज के सधे स्वरों की आवृत्तियाँ होती थीं और अनुकृत स्वरों पर शब्द-मैत्री आदि का विचार होता था। वह गोष्ठी मेरी यशोदा है। छन्दों की शिक्षा भी वहीं मिली। उसके बाद तो आज तक 'छन्दप्रभाकर' सपना रहा। 'मुहब्बत की नहीं जाती मुहब्बत होती जाती है' के वज़न पर 'कविता की नहीं जाती, कविता हो ही जाती है' समझने वालों को अपनी ओर से मैं कह जाना चाहता हूँ कि कविता की जाती है : बल्कि की ही जाती है।

बहरहाल, उस अनुभवपक्व गोष्ठी के नायिका-भेद में मेरी पैठ न देख तथा एक दिन खड़ी बोली की अनगढ़ छन्द-पूर्ति सुनकर राय दी कि खड़ी बोली में ही अभ्यास करूँ। अभ्यास शुरू हुआ काशी आने पर जुलाई 41 से। क्षत्रिय स्कूल—खड़ी बोली के पद्यों का साथ, नयी ज़बान। कवि जी हाथ मारने लगे। आभारी हूँ श्री सागर सिंह का जिन्होंने पुस्तकों द्वारा तथा सुधार-संस्कार और फिर शम्भूनाथ जी जैसे कवि के परिचय में लाकर मुझे गाँव की गोद से काशी के चरणों पर उतार दिया। कालेज मैगज़ीन में एक कविता भी छपा दी—'सुमन रो मत, छेड़ गाना' जो मेरी कविता का आमूल संस्कार क्या खुद उन्हीं की रचना थी। 'क्षत्रिय मित्र' में भी मुझे उकसाया। उन्हीं दिनों एक और अग्रज मिले श्री महेन्द्र कुमार सिंह जिन्होंने मुझे अपनी प्रशंसाओं से स्फीत तथा पुस्तकों से प्रीत किया। खड़ी बोली में गद्य लिखने की तमीज़ न थी और पद्य में सही सही पर मारने लगा। उन्हीं दिनों न जाने कैसे 'मुक्तछन्द' की सनक सवार हो गयी। 'नभ में पतंग' एक वैसी कविता कॉलेज मैगज़ीन में स्थान भी पा गयी—यानी उसके योग्य सम्पादक पर अरोचकी समीक्षक बा. मार्कण्डेय सिंह की नज़रों में जगह पा गयी। आजकल तो बहुत से नवसिखुए मुक्तछन्द से ही शुरू करते हैं और बड़े होने पर भी ढीलापोली नहीं जाती; बन्द कसने पर भी उभार नहीं आता—कसावट तो दूर। भला हुआ जो मिल गये परामर्श कटु किन्तु समीक्षापटु श्री त्रिलोचन शास्त्री।

क्षत्रियमित्र कार्यालय था और 42 का समय। रोका उन्होंने। मोती बी.ए. की सद्यः प्रकाशित 'छवि का दर्शन' की व्याख्या की; दोष बताये। रवि ठाकुर की 'उर्वशी' से तुलना की। बँगला-अभ्यास की रुचि जगाई। गद्य लिखने—ख़ास तौर से डायरी का उपदेश दिया। सब कुछ पहली मुलाक़ात में। आँखें खुल गयीं। 'अनामिका' ख़रीदी थी, बन्द कर दी।

उन्हीं दिनों हाथ लगी महादेवी जी की 'रश्मि'। 'इन आँखों ने देखी न राह कहीं, इन्हें धो गया नेह का नीर नहीं' सवैया भा गया। बहुत भाया। ब्रजकाव्य के संस्कार को नयी दीप्ति मिली। 'मरुभूमि' पर अन्योक्ति करते हुए पाँच-छह सवैये लिख डाले जिनमें अपना उद्घाटन किया गया था। यानी यह हृदय जो आज 'मरुभूमि' सा लग रहा है, कभी सागर था और इससे भी भावों के मेघ उठकर बरसते थे और अब भी 'हर साँस हवा में पिरो रहा हूँ'। 'वस्तुनिष्ठता' का स्थान 'आत्मनिष्ठता' ने ले लिया था। सवैया-लेखन का यह संस्कार समय-समय पर बराबर उभरता रहा—43 में 'तान के सोता रहा जलचादर' वाला सवैया लिखा तो 51 में भी 'पन्थ में साँझ पहाड़ियाँ ऊपर' आदि छः सवैये। इस छन्द में मुझे सदैव एक सुखद निजीपन मिलता रहा है। बहरहाल यह दौर प्रेम गीतों का था। घोषित किया—

प्यार के गीत जो गा रहा हूँ कभी प्राण के तार पर गा गया कोई।

....

आँसुओं में कुछ बाँध के दे मुझे भी उरवाला बना गया कोई।।

काशी में उन दिनों शम्भूनाथ जी छा रहे थे, मोती की गूँज थी, सुरेन्द्र की कड़क थी, पाण्डेय श्यामनारायण की ललकार थी और त्रिलोचन को विस्मय के साथ सुना जाता था। परन्तु मुझे केवल शम्भूनाथ जी के सम्पर्क में आने का अवसर मिला—अवसर क्या सौभाग्य। उन्होंने मुझे कला दी, गला दिया। स्कूल से उबारा—कवि-सम्मेलन में बिठाया। घिघियाता था—गुनगुनाने लगा। 'अनुहरि ताल गतिहि नट नाचा'। थोड़े हेरफेर के साथ उन्हीं के छन्दों में गा चला। बिना किसी प्रणयानुभूति के उन्हीं के स्वरों में जीने-मरने का अभिनय करने लगा। वही साधना-अर्चना, सपना सुधि की पदावली,

वही विरोधाभास-भूल की याद, निकटता की दूरी, ज़िन्दगी की मौत, मुक्ति की कारा। शम्भूनाथ जी पर घनानन्द बरस रहे थे। थीसिस की तैयारी में छायावाद के कवि भी साथी हो चले थे। यह उनके 'छायालोक' का युग था। मोती स्वर निकालते, महेन्द्र तानते और शम्भूनाथ जी साधते। हमने समझा हिन्दी में छन्द इतने ही होते हैं। काग़ज़ काफ़ी काला किया। आज वे केवल स्मृति शेष हैं; सुबह की किरण ने उन्हें जला दिया। जलते देख मैंने आह तक न की। कुछ नमूने लीजिए–

(1) अपरिचित थे बड़ा सुख था, तुम्हें क्यों प्राण पहचाना

(2) न दुख मिलता न सुख मिलता न जाने प्राण क्या पाते!
कभी जब याद आ जाते!

(3) दिशा में जब निखर आतीं अँखड़ियाँ स्वयं भर आतीं
अधखुले द्वार पर दिन के निशा जब दीप धर जाती
निकलती तारिका पहली किसी की याद आ जाती!

(4) देखकर तुमको तनिक मुसका उठा मेरा अँधेरा!

यही राग अलापते सन् 44 बीतने को आया। 9वीं कक्षा बीत चली।

धारा बदली कवि नेपाली ने। उन्हीं दिनों वे काशी आये। सबको छोप लिया। हमारे उस्तादों के नुसखे बेकार होते दिखे। आस्था डिगी। 'तुम कल्पना करो नवीन' और 'दो मेघ मिले बोले डोले' ने नया कण्ठ दिया। कल्पनाएँ नयी हुईं; मेघ भो नये छाये। काशी का संस्कृत कषायित गला कुछ साफ़ हुआ। खड़ी हिन्दी की ठेठ रवानी तोड़ चली। राष्ट्रीयता की लफ़्फ़ाजी और प्रकृति की रंगीनी सज निकली। कवि-सम्मेलनों में पानी पी-पीकर गाने वाले कवियों को हिदायत मिली। तब तक मैं प्रभाव-प्रूफ़ नहीं हुआ था। स्वर साध चला। 'तुम हो स्वतन्त्र', 'तुम हो जवान'। दोनों में फ़ालतू उर्दू शब्दों ने भाषा दोगली कर डाली। नक़ल पर बड़ों ने नाक सिकोड़ी भौं चढ़ाई। सलाह से नहीं पर मजबूरी से यह राह छोड़ी। मिलावट का काम भी मेहनत और हुनर चाहता है। आज़ाद हिन्द फ़ौज वृहत्त्रयी तथा जेल से छूटने वाले अच्युत लोहिया जयप्रकाश की वृहत्त्रयी बाज़ारों में आयी गयी। बड़े-बड़ों ने विरुदावली लिखी। असमर्थ रहा। अब प्रेम-गीतों की आविल भूमि से ऊब चुका था। उबार हुआ।

झूठी आत्माभिव्यक्ति कब तक चलती। जब प्रणय जीवन में न था तो सहपाठियों की दोस्ती पर रंगीनी कब तक चढ़ाता। यों, उस्तादों को भी उसी लाइन पर रपटते देखा। नेपाली ने वहाँ से उठाकर प्रकृति की चित्रपटी पर रख दिया। लिखा मैंने—

बादल के टुकड़े सा दिन के तीसरे पहर में उगा चाँद!

घर छूटा तो दुनिया बड़ी दिखी : आसमान भी। पाँखें खुलीं। उड़ा। सोचा, जब नक़ल ही करनी है तो बड़ों की करूँ। त्रिलोचन जी नारद की तरह तीन वर्ष बाद फिर मिले। उन्होंने अध्ययन के लिए एक धक्का फिर दिया। कवि-सम्मेलनों ने जो पर्दा डाल दिया था, उसे फाड़ा। विद्यार्थी बनने में यह जीव कभी नहीं अलसाया। कवि गुलाब ने भी परोक्षतः प्रेरणा दी। बिना गाये ही उन्हें प्रशंसित देख गलेबाज़ी का मोह त्यागा। गँवार था ही। देखी सुनी प्रकृति का वर्णन शुरू किया—

मैं दूर गाँव से खेतों पर
धीरे-धीरे आ रही साँझ

....

हँसती हँसती ज्यों लजा गयी
तीसी जो अधर दबाये सी
तीसी अधखुले नयन में ज्यों
अपना घनश्याम छिपाये सी

....

दिन से बरधे निशि सी भैंसें
उस सुमेरु पर घूमा करते आदि।

यह वर्णन था। चित्रण और चीज़ है। यह तो समझाया सन् 46 में 'धरती' ने। त्रिलोचन जी ने सव्याख्या समझाया। उन्होंने सच्चे अर्थों में मुझे धरती दी—धरती, अपने अनुभवों और दृश्य-स्पृश्य जगरूप की। आकाश भी उन्हीं से मिला था। आकाश, महाकवियों के काव्य का। प्रसाद और पन्त की 'सी' 'सी' छूट गयी। नये प्रकार की देहाती पदावली मिली। छन्द भी बहते हुए। गीतों की दुनिया दूर गयी। इस वर्ष दो अनुवाद किये जिन्होंने काफ़ी

शक्ति दी–एक कीट्स के 'लॉ बेल दाम सॉंस मर्सी' का 'निर्मम सुन्दरी' शीर्षक से दूसरा रवि ठाकुर की उर्वशी का। दोनों के थोड़े-थोड़े नमूने ये हैं–

सिर माल कुसुम कंगन सुरभित करधनी उसे मैंने रच दी।
मुझ पर ज्यों डाल प्रणय चितवन उसने मीठी उसाँस भर ली।।
धावित तुरंग पर बिठा उसे दिन भर देखा कुछ नहीं अन्य।
अल्हड़ वह गाती रही झूम झुक-झुक परियों के गान धन्य।
लायी मुझको मृदु कन्दमूल मादक मधु स्वर्गिक सुधा सार।
अद्‌भुत भाषा में बोल उठी 'सचमुच करती मैं तुम्हें प्यार'।।

'उर्वशी'

माँ न, कन्यका न, वधू भी न रूपसी,
नन्दन वासिनी उर्वशी।
साँझ झुकी गोठ में सुवर्ण-अंचला
गेह में किसी न गयी दीप तू जला
जड़ित चरण, नमित नयन, वक्ष कम्पिता
कुसुम सेज पर न गयी मन्द सस्मिता
अर्धरात्रि में सलज्जिता
उषा के उदय समान अनवगुंठिता,
तुम अकुंठिता।

कीट्स के अनुवाद से ठाकुर का अनुवाद कमजोर है; कारण मौलिक से छन्द की छोटाई। कम समझ में आने तथा अल्प पठित होने पर भी कीट्स मेरा प्रिय कवि बन गया शायद रूमानी ज़िन्दगी के कारण। उसी 'नाइटिंगेल ओड' की पीड़ा ने मेरे मर्म को अपने ढंग पर झंकृत किया। 'पर्वतीय कोकिल' मैंने भी लिखा था–

बोलती पिकी सुधि-गिरि पार
कहाँ हो आओ
दूर न जा, दूर न जा, दूर
कहाँ हो आओ!
....

निज प्रकाश में रुककर
खड़ा देखता दृग भर
जीवन की बाँह बढ़ रही
जैसे तिमिर-शिखर
डूबा मन दिन समान
निशि सी यह छाँह म्लान
आह आज मुझसे ही
मेरी छाया महान!

इस कविता में भाव-व्यंजना कम, हिमालय के दृश्यों का मोहक अंकन अधिक था और सिफ़त यह कि तब तक हिमालय आन देखा था। कुछ सख्य-पत्रों की प्रेरणा थी। मैदानी जीव के लिए यही काफ़ी था। कई हिम-हसित कविताएँ उस रंग से रँग उठीं। प्रात के हिमालय को 'भूमि की निर्वात दीपशिखा' के रूप में देखा और देवदारु के वृक्षों तले सद्योजात बछड़ों की तरह अलसाये मेघखण्डों की कल्पना की। हिमालय देखने पर यह रंगीनी झड़ गयी। कविताएँ आयीं पर दूसरा पानी लेकर। बहुतों के गले लगीं भी।

उसी साल समुद्र भी देखा पुरी के निकट। देखते ही प्रेमगीतों में समुद्र की उपमा देने वाला कवि अक्की बक्की भूल गया। उस निर्जन को देखा जिसमें सागर लहरी अम्बर के कानों में गहरी निश्छल प्रेम कथा करती थी और जिस पर नील नयन से ताराओं की घनी पाँत ढुलकाती थी। मूँगे सी समुद्री साँझ, मोती सी दोपहरी, पाल खोले नाव सरीखे दिन का आना देखा और लिखा। हिमालय ने भावों को आकाश दिया, सागर ने गहन नीलिमा का विस्तार दिया और मेरे गाँव ने उर्वर हरी मिट्टी दी। मिथ्या प्रेम और शाब्दिक राष्ट्रीयता से भाग कर जीवन की नीरसता ने प्रकृति में शरण ली। गीत के राजकुमारों ने 'इश्क़ को जगह देने' की राय दी, उत्साही राष्ट्रसेवियों ने पलायन कहा। यहाँ यथार्थ की गहराइयाँ प्रकृति के बीच भी बेचैन थीं–

खड़ा खड़ा सरितट पर
रोता महुआ झर-झर

पी रहा नयन में भर
मैं तुम्हें अकेला!

उन्हीं दिनों एक और कवि के साथ मेरी घनिष्ठता हुई, यद्यपि परिचय पुराना था। ये थे 'दो जीवन का प्यार हृदय है' जैसी अनुभूति को बारह की ही वय वाली में व्यक्त करने वाले हरिमोहन। इनकी मीठी मोहिनी बातों ने प्रकृति की रेखाओं में कभी-कभी भावों की रंगसाजी करने की याद दिलाई—

बनकर साँझ नयन में छलछल आयी याद तुम्हारी!

अथवा

दिन बीता पर नहीं बीतती, नहीं बीतती, साँझ

....

देख रहा हूँ दूर यूकलिप्टस की खुली भुजायें
बाँहों में आकाश नयन में कुहरे की रेखायें
किन्तु विहग-कूजित इस वन से नहीं बीतती साँझ!
अखिल आयु प्लावित इस क्षण से नहीं बीतती साँझ!

....

गीत लिखा फिर भी गायन से नहीं बीतती साँझ!

रंग-रेखाओं की थोड़ी बारीकी के साथ यही ढंग सन् 48 ई. तक रहा। यों तो अपनापन काफ़ी आ गया था तथा औरों से साफ़ अलगाव भी लेकिन यों समझिए कि—

चलता था थोड़ी दूर हर एक तेज़ रौ के साथ।
पहचानता नहीं था अभी राहवर को मैं!!

यह बी.ए. कक्षा थी। विद्यार्थी की ज़िम्मेदारियों ने दबोचा। जनवाद के वामपन्थी संकीर्ण दौर ने धमकाया। फिर 'नव संस्कृति संघ'। कवि जी मन्त्री बने। आलोचना के पर मारने लगे। कहना कुछ और लिखना कुछ। असम्भव था। जो रुचता वह लिख न पाता जो लिखता वह रुच न पाता। कलम बन्द। पढ़ाई शुरू। 'प्रतीक' ने प्रयोगवाद को टॉनिक दिया। पढ़ना पड़ा। तार सप्तक, इत्यलम्, नाश और निर्माण को पाठ्य पुस्तक की तरह पढ़ा। नोट लिया। त्रिलोचन जी ने मदद की। काशी में एक वही ऐसे रहे

जो शम्भूनाथ जी से मुक्त अपनी राह चलते रहे। इधर तीन साल तक एकदम तौबा कर ली। दोस्तों ने कवि नामवर की मौत घोषित की और यहाँ ज़िन्दगी का स्वाद बढ़ रहा था। लेकिन द्वन्द्व तो था ही। विचारों में जनवाद का हौवा और मन में प्रयोगशील कविताओं की गूँज। समझौता सरल न था। मार्क्सवाद का अधकचरा ज्ञान नाहक खा रहा था। उधर प्रकृति चित्रण की भी दुर्दशा थी। यदि मैं 'कुम्हड़े के फूल' तक जाकर रुक गया था तो यार लोगों ने उसके चौड़े पत्तों पर आसन जमाया। अपना दोष तब दिखा। असाधारणता के रबर का फैलाव ऐसे ही सीमान्त छूता है। रूढ़ि तो रूढ़ि ही है—सादगी को भी कृत्रिम बनाती है। चुप रहा। चुप हुआ। सभी द्वार बन्द दिखे। प्रेम गीत ठसाठस, प्रकृति चित्रण अजीबोग़रीब, प्रगतिवाद नाराबाज़।

सहसा दिशा दिखी। मुकुल राय से परिचय हुआ और मार्क्सवादी साहित्य को पढ़ने का ढंग मालूम हुआ। बिना उसके व्यावहारिक ज्ञान के भी भीतर शक्ति का अनुभव किया। फूचिक, नेरूदा के दूरवर्ती स्वरों ने छूकर मुझे आदमी से साहित्य बना दिया। इसी बीच वाल्टह्विटमैन ने भी स्पर्श किया। बाँध टूटा। गद्य बह निकला। पन्द्रह दिन के भीतर भाव और शैली की पुनरावृत्ति बचाते हुए इक्यावन निबन्ध लिख गया। निबन्धों के दौरान स्थल-स्थल पर ऐसा लगा कि यहाँ कविता की ज़रूरत है। एम.ए. परीक्षा दी। चुकने पर कविता की लहर आयी। अपने ही भीतर ज़िन्दा हुआ। बड़ी चीज़ लिखने को मन हुआ। रोका। ज़रूरी लगा, पहले छोटी और खानगी चीज़ों पर हाथ आजमाना। अभ्यास छूट जो चुका था। लिहाज़ा रूमानी पूर्वस्मृतियों को आँकना सोचा। प्रयोगशील कविताओं की कामयाबियों ने साथ दिया। संयम और मितव्ययिता काम आयी। जितना कहना है उतना ही कहें : बटोरना और क्या। लिहाज़ा एपिग्रैम निकले—मीठे भी तीते भी—

(1) चाँद, पथ, छिटपुट विटप तन धूप छाँही बौर
चल रुके हम गाछ तल टूटे सपन सा मोड़
छोड़कर कब का जुड़ा तुमने लिया कर जोड़
चिहुँकते पाखी, ठिठकते फूल हँसती लोर
लिपटती डग में डगर सी डीबियों को डोर
बिछुड़ते रह जायँ हम चित्रित निरखते छोर

(2) 'नाम कलि-आधार' यह कहाये तुलसीदास
क्यों न जनता का जपो तुम नाम बारह मास
शब्द, आँसू, आह,—अभिनेता नहीं विश्वास
सूर्य सा जलता हृदय क्या है तुम्हारे पास!

जुलाई सन् 51 तक की चीज़ें ऐसी हैं। मुक्तछन्द भी काफ़ी हैं। इस दौर की रचनाएँ 'नीम के फूल' नामक संग्रह में संकलित प्रेस सेवन कर रही हैं। होंगी कुल 40। उसके बाद 6 महीने से कर्त्तव्य-पथ का चिन्तन चल रहा है। यह है एक लेखन-व्यवसायी सैनिक की कहानी जो तेरह वर्ष तक खुद अपने तथा अपने वातावरण से लड़ता रहा—प्रतिभा के बल पर नहीं, अध्यवसाय के बल पर।

(2)

अब कृत का विश्लेषण।

सबसे पहले इनका विषय। मैंने खूब सवाल किया है कि क्या ये पलायनवादी नहीं हैं? अथवा इक्यावन वाले दौर की कविताएँ प्रयोगशीलों से किस मामले में भिन्न हैं? इनसे संघर्षशील जनता अथवा मानवता को क्या लाभ है? यहाँ सभी प्रकार के पक्षपात और पूर्वग्रह की गुंजाइश है। मोटी बात इतनी ही जानता हूँ :

(1) प्रकृति चित्रण अथवा प्रेम-कथन मात्र पलायनवादी नहीं। दृष्टिकोण पलायनवादी या प्रगतिशील होता है। ये कविताएँ इस नीरस बनाने वाली सभ्यता में मनुष्य-मन को रससिक्त कर सकें तो यही है उनका मानवतावाद—'बुर्जुआ मानवतावाद' जिसका अपना ऐतिहासिक महत्त्व है।

(2) ये प्रयोगशीलों की Surrealist मनोवृत्ति से भिन्न हैं। इनमें मन की गूढ़-गाँठों की बीमारियाँ नहीं हैं। विषाद और बेचैनी प्रकृति के माध्यम से व्यक्त होतो है जिसका आधार यथार्थ है। रूमानियत मात्र प्रयोगवाद नहीं।

(3) ये रूपाकार में प्रयोगशीलों से काफ़ी मिलती-जुलती तथा विषय में भिन्न हैं। रूपाकार में भी। दुरूह प्रतीक विधान तथा बौद्धिक नीरस तर्कजाल से रिक्त हैं।

(4) इन कविताओं में राह पर 'बढ़े चलो' और 'जागते रहो' का नारा नहीं है—यानी सीधा अर्थवाद नहीं है। कुछ मधुर रागात्मक सम्बन्धों तथा प्रकृति से लगाव दिखाकर जीवन से प्रेम बनाये रखने की आस्था दी गयी है।

(5) अनुभव किया है कि बड़ी कविता बाहरी चित्रकारी से आगे की चीज़ है और मनुष्य से बढ़कर कविता का कोई विषय नहीं। इसीलिए धीरे-धीरे भावपरक मर्मोद्घाटन प्रधान होता गया। अनुभव के साथ-साथ यह भी बढ़ेगा। नवसिखुए युवक के लिए प्रकृति सबसे अधिक उपयोगी उपादान है।

रही रूपायन की बात। यहाँ सबसे पहले प्रभावों की ही चर्चा करूँगा। चित्रण में रंग, रेखा तथा दोनों के आनुपातिक ज्ञान का महत्त्व है। दोनों का अभ्यास किया—जैसे—

(1) वन में वैदूर्यतम पिघल रहा
(2) जल पर वह जलद छाँह आ गयी
दर्पण पर श्वास-भाप छा गयी
बन की घन-भौंह तल कुहेस की
क्षीण रेख मुस्करा लजा गयी।
नयनों के डोरों से रँग उठे
सुधियों के सँभले निशान!
(3) रोमिल कुहरे की रेखा सी नीलाभ चीड़ तरु की शाखें।

यहाँ तक कि अतिरेक देखकर मित्रों ने व्यंगपूर्वक 'रंगों का कवि' कहा। विविध ऐन्द्रिय बोधों को भी जगाने की कोशिश की गयी जैसे गन्ध चित्र :

जाने कहाँ भीग रहे मौन मेंहदी के फूल
सौरभ की डोरियाँ ज्यों हो गयीं शिरा शिरा

रंग और रेखाओं के दबाव-उभार, छाया-छायाभास : गाढ़पन की सीमा आदि का ध्यान रखा गया और बचकानी लीपापोती बचायीं गयी—

रात के भीतर
उभरती रात सी परिचित-अपरिचित पादपों की पाँत
स्पष्ट अनामिल से तनों की फाँक
के उस पार

चमकता है

शशि धुला निःसीम कल्प खुला खुला सा ताल

मानव-मुख पर उभरते हुए भावों की धूप-छाँह को भी उतारने की कोशिश की—

झेंप की धूप-छाँह का मुखड़ा

पिघले हुए माखनी डेल दुराना!

उन आंगिक चेष्टाओं को पकड़ा गया जो बारीक मानसिक भावों को सूचित करते हैं—

पास हम नख से विलेखते अदेखते से

मौन अलगाव के प्रथम का बढ़ा आ रहा!

अथवा : *एक ही धार में डूबते दो मनों का*

टकरा कर दीठ निबारना।

या : *पूछी हुई हर बात है*

दीठ चुरा-चुरा मेदुर दूब निखोरना।

या : *कुटकी दूब की वह अनमनी सी मार*

की सीत्कार।

संयम ने भावावेग की अभिधा को सहज प्रतीक व्यंजना दी—

हुई सहसा छाँह दो, दृग मुड़े पीछे, आह!

रोशनी हँस उठी फड़के पंख खड़के पात!

अथवा : *हो गयी सहसा नयन की डीठ दुहरी*

बेभरोस असावधान, अजान, कोरों से

गया ढुल एक नन्हा

'काश।'

या : *देख यह क्षण भी गया अनमोल ही*

ओंठ पर काँपा 'कहो कुछ और'

दीठ मिलने के प्रथम की कौंध वह

स्वयं को ही ज्यों पकड़ ले चोर

कहीं-कहीं यह संयम का बाँध टूटा भी परन्तु कम और वहीं जहाँ ज़रूरत थी–

साँझ, जनसंकुल पहर, बहता हुआ फ़ुटपाथ
दिखा : सहसा अपरिचित से चल रहे हम साथ
कब अकेला सा हुआ–इतना नहीं कुछ याद
आह, परिचय में कहाँ उस अपरिचय का स्वाद
खड़ा आपाहीन सड़क तरंगिणी के तीर
भीड़ केवल भीड़ मुझको चाहिए बस भीड़।

इन बारीकियों के लिए बहुतों का आभारी हूँ। कीट्स पढ़ते समय मैंने विशेषणों का महत्त्व जाना। गाँठ बाँध ली। सन् 49 में 'माडर्न क्वार्टरली' में मायाकोव्सकी का एक लेख पढ़ा 'मैं कविता कैसे लिखता हूँ'? सीख मिली। वह पदावली (Diction) का कोश समृद्ध करने में रोज़ दस से अठारह घण्टे देता था। मैं इतना न दे सका। लेकिन यथाशक्ति दिया। जितना दिया उतना पाया। आदरणीय द्विवेदी जी से मालूम हुआ कि रवि बाबू कोश पढ़ करते थे। शब्द शिल्पी बनने का रहस्य जाना। पढ़ा था उन्हें पहले भी लेकिन जाना सन् 50 में कि किस प्रकार आरम्भिक दिनों में उन्होंने कालिदास की पदावली को पचाकर पुनर्नवता दी। यह कोश रोज़ तैयार होता है और काम देता है कविता लिखने के समय। कविता लिखने बैठकर कोश तैयार नहीं हो सकता। देशज शब्दों के पुनरुद्धार का भी ध्यान रहे पर अतिरेक नहीं। इन रचनाओं में जो कसावट है वह इसी कारण। वाक्यों को व्यंजित करनेवाले एक-एक बोलते विशेषण हैं। यहाँ प्रसंग गर्भत्व की भी चर्चा हो ले। प्रसंगगर्भी विशेषण या तो पौराणिक आख्यानों के नाम परक होते हैं या किसी कविता से एकाध शब्द लेकर रूपायित होते हैं। इलियट ने 'वेस्टलैंड' में झड़ी लगा दी है। 'कीट्स' इसी से जटिल हो उठा। सभी कवि करते हैं। हमारे यहाँ कालिदास, भवभूति, तुलसी सबने किया है।

तामम्यगच्छद्रुदितानुसारी कविः कुशेध्माहरणाय पातः।
निषादविद्धाण्डज दर्शनोत्थः श्लोकत्व मापद्यत यस्य शोकः।।

या रवि ठाकुर की–'अमि यदि जन्म नितेम कालिदासेर काले' कविता।

इस जन ने भी ऐसा किया है। बड़े कवियों की पाँत में बैठने के लिए शौक़िया नहीं और न चोरी के लिए ही। रहा नहीं गया। बहुत किया।

क्षीण मन के हाथ से बह सा रहा है
सुनहले दिन का वलय हो आज ढीला!

(कनक वलयभ्रंश रिक्त प्रकोष्ठः)
मेचक कपोतकंठी बादल (कठोर पारावत कंठ मेचक)
दिन बीता पर नहीं बीतती नहीं बीतती साँझ
(शेकाल बेला बीतिए गेलो बेकाल नाहिं जाय)

यह आदत बड़ी पुरानी रही है।

शेष रहा छन्द और लय। लम्बी कथा है इनका केवल इशारा करूँगा। गो, आज भी नहीं समझ पाया। शम्भूनाथ जी की छाया वाले युग में गाना ही छन्द था। अब भ्रम मिट गया। त्रिलोचनजी गा नहीं पाते फिर भी शम्भूनाथ जी से कहीं अधिक छन्दानुभूति तथा लय परिज्ञान उनमें मिलेगा। छन्द बन्ध में मात्राओं की गणना का ज्ञान ज़रूरी नहीं, ज़रूरी है लय की पकड़। अलग-अलग भावों और वस्तुओं की गति में अपना-अपना लय होता है। परखना बड़ा बारीक काम है। गीतों के युग में भी इस कठिनाई का बोध हुआ। 'समय की शिला पर' तथा 'प्राण तुम दूर भी, प्राण तुम पास भी' का अनुकरण करना चाहा। छन्द बन गया; स्वर भी मिल गया। परन्तु एकलयता न मिली। उन्होंने प्रकृति चित्रण करना चाहा, नहीं हुआ। अपनी ही 'आयी याद तुम्हारी' कविता के छन्द में कुछ और लिखना चाहा—बात न बँधो। कारण, दूसरा था मुक्त छन्दों में भी यही बात है। मुक्त छन्द का अर्थ छन्द-मुक्त नहीं बल्कि छन्दरूढ़ि-मुक्ति। गद्य को छोटी-बड़ी लाइनों में तोड़ना ही मुक्त छन्द नहीं। कौन-सी पंक्ति कितनी बड़ी रहे, यह बारीकी आज भी नहीं आ पायी। मुक्त छन्द भी छन्द ही हैं और तुक-ताल मुक्त भी। परन्तु उनमें अन्तःतुक चलते हैं और चरणों की विषमता भावों के अनुसार चलती है। यह बात समझ में आ गयी है। इसीलिए भरे 'एपिग्रैम' के मुक्त-छन्द भी कसे आये हैं। शम्भूनाथ जी के बँधे सधे हाथों ने भी मुक्तछन्द लिखे हैं जिनमें काफ़ी फ़िज़ूलख़र्ची है, विविधता नहीं है सो अलग।

छन्द में प्रवाह तथा लय की इकाई पकड़ना सबसे पहला काम है। अब तक मैंने निराला जी की छाया में विविध छन्दों का अभ्यास किया है पन्त जी के 'पल्लव' की भूमिका से भी कुछ सीखने की कोशिश की। कवित्त और सवैया, उनके द्वारा तिरस्कृत समझे जाने पर भी लिखा। मुझे ये दोनों छन्द आज भी भाते हैं। एक संलापोचित उद्घोष में और दूसरा उर्मिल आवृत्तियों में। इनमें यथोचित नाटकीयता भर कर पुनर्नवता देने की कोशिश की है। संयुक्त क्रियाओं को हटाकर क्रियार्थक संज्ञाओं के प्रयोग से सवैयों को भी कस दिया है। एक पंक्ति गीतों के एक पाद (Stanza) का काम करती है।

अन्तिम बात एकान्विति के विषय में। शम्भूनाथ जी तथा महादेवी आदि के गीतों में एकान्विति 'ग़ज़ल' के ढंग की है। शुरू में एक चौंकाने वाली तगड़ी टेक रखकर बाद में उसपर जमावट की जाती है—जमावट उस पंक्ति को उदाहृत करती है उद्धरित नहीं। ग़ज़ल के हर शेर की तरह उनके हर पाद अपने में पूर्ण होते हैं। निराला के गीतों में यह बात नहीं है। आद्योपान्त अविच्छेद्य हैं। यह मुश्किल काम है। इधर के मेरे 'एपिग्रैम' इसी ढंग के हैं। मुझे जमावट से बुनावट पसन्द है—एक कवि-सम्मेलनों में जमाने की चीज़ है दूसरी एकाग्रता में मन के भावों को बुनने की। संघटन ऐसा रहे कि एक पंक्ति खिसकाने में बुद्धि की टाँकी को पता चल जाय।

(3)

कर्तव्य की दिशा।

मुझे साहित्य-क्षेत्र में चुनाव नहीं जीतना है जो फड़कता घोषणा-पत्र तैयार कर दूँ। अपनी सीमाओं से अपरिचित नहीं हूँ। जीवन-संघर्ष में बिना कूदे पोथियों के बल अधिक दिन तक कविता न लिखी जायेगी। काग़ज़ की नाव सागर में न चलेगी— बँधे तालाब में भले ही गाजे। जन-आन्दोलन से उठे हुए ताज़े कच्चे भाव तथा ताज़ी कच्ची भाषा ही नये साहित्य में मूर्तिमान होगी। उसी आग में पिघल पर पोथियों का ज्ञान नये रूप में ढलेगा। मुझे इतनी तुकबन्दी के बाद भी कवि—केवल कवि रूप में पैदा होने और जीवित रहने का मुग़ालता नहीं है। गद्य या पद्य जिस किसी भी माध्यम

से मेरा अभिप्रेत फूट निकलना चाहेगा, फूटेगा। इस जन-संघर्ष में मानवता के हमराहियों को बल देने के लिए अपने को निःशेष करना ही सूझ रहा है। दूसरा कोई रास्ता नहीं। बात बड़ी चाहिए, माध्यम स्वयं उसका आकार और महिमा पा लेगा। साफ़ दिख गया है कि गद्य लिखने से कविता को नयी ताक़त मिलती है अन्यथा अपना सारा वक्तव्य एक कविता में भरने से दोनों की हानि होती है। हमारे कई साथी आज कल यही कर रहे हैं। यदि मुझे अपने वक्तव्य को कविता के चौखटे में काटना पड़ेगा तो वह चौखटा छोड़ दूँगा लेकिन वक्तव्य को पुरानी चीनी नारी का पाँव न बनाऊँगा। पाब्लो नेरूदा और जाफरी को पढ़ने के बाद भी अभी नहीं लिखा कि कहीं उनका उपहास न हो उठे। हमेशा की तरह आज भी कविता को गँदला करने की अपेक्षा कविता न रचने का साहस है। साथियों के उपहास की उतनी चिन्ता नहीं जितनी आत्म-उपहास की—अपने लक्ष्य के प्रति उपहास की। यदि मनुष्य के क्षीण शरीर में अनुराग-रंजित धरती का रस खींच कर दे सका; उसकी मानसिक नीरसता में विविध सामाजिक सम्बन्धों की सरसता दे सका; यदि उसके असन्तोष को स्वस्थ संयम तथा दृढ़ता दे सका तो अतीत से निचोड़कर, वर्तमान से दुहकर, भविष्य को चीरकर देने की कोशिश करूँगा। इस संघर्ष में भले ही यह कवि टूट जाय—जाय!

काशी विश्वविद्यालय

6 जनवरी, '52

नामवर सिंह

□□